Farbberatung

Christel Buscher

Farbberatung

Kleidung · Make-Up · Haare · Brillen · Schmuck

BASSERMANN

Vorwort

Jede Frau hat Lieblingsfarben. Das Verzwickte ist nur: Die Farben, zu denen man sich innerlich hingezogen fühlt, müssen nicht unbedingt dieselben sein, die äußerlich zu einem passen, die schmeicheln und schön machen. Und sicherlich gibt es Farben, die einem zwar gut stehen, wahrscheinlich aber gibt es noch andere, in denen man nicht nur gut, sondern exzellent aussieht! Wie Sie herausfinden können, welche Farben gerade für Sie ideal sind, steht in diesem Buch. Lesen Sie darüber hinaus, was es überhaupt mit den vier verschiedenen Farbtypen, dem FRÜHLINGS-, SOMMER-, HERBST- und WINTERTYP, auf sich hat, und finden Sie heraus, welcher Farbtyp Sie sind. Ob zu Ihnen besser „kalte" oder „warme" Farben passen. Und weil es besonders ärgerlich und teuer ist, wenn man beim Kleiderkauf nach der falschen Farbe greift, gibt es in diesem Buch viele Empfehlungen zu den Farben der Grundgarderobe jedes Typs sowie Vorschläge für die attraktivsten Farbkombinationen. Die Tips im Kapitel „Die Make-up-Farben" sind modisch und zeitlos zugleich. Je nach aktuellem Trend wird man die eine oder andere Farbe oder Farbkombination bevorzugen – die Farbpalette, die zu dem jeweiligen Typ paßt, bleibt dagegen immer die gleiche. Dasselbe gilt für den Schmuck und im Wesentlichen auch für die Brillen. Und falls Sie mit dem Gedanken spielen, sich die Haare zu tönen oder färben zu lassen: Lesen Sie zuerst, mit welchen Farbnuancen Sie besonders gut aussehen! Als Clou schließlich finden Sie am Ende des Buches acht Farbkarten zum Herausnehmen, mit denen Sie Ihren Farbtyp bestimmen können und die Ihnen als Einkaufshilfen dienen sollen.

Inhalt

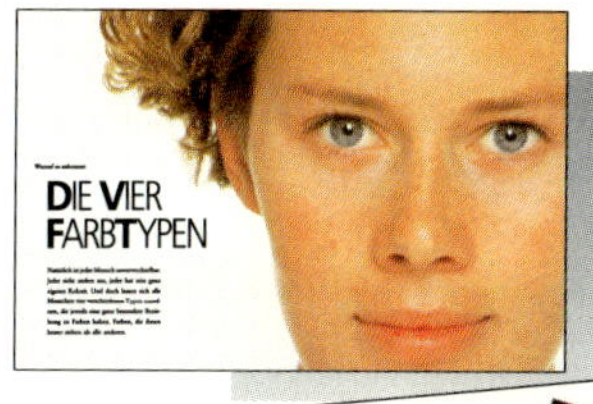
DIE VIER
FARBTYPEN

DEN
RICHTIGEN
FARBTYP
FINDEN

DIE KLEIDER-
FARBEN

DIE
SCHMUCK-
FARBEN

DIE
MAKE-UP-
FARBEN

DIE BRILLEN-
FARBEN

DIE
HAAR-
FARBEN

Worauf es ankommt

DIE VIER FARBTYPEN

Natürlich ist jeder Mensch unverwechselbar. Jeder sieht anders aus, jeder hat sein ganz eigenes Kolorit. Und doch lassen sich alle Menschen vier verschiedenen Typen zuordnen, die jeweils eine ganz besondere Beziehung zu Farben haben. Farben, die ihnen besser stehen als alle anderen.

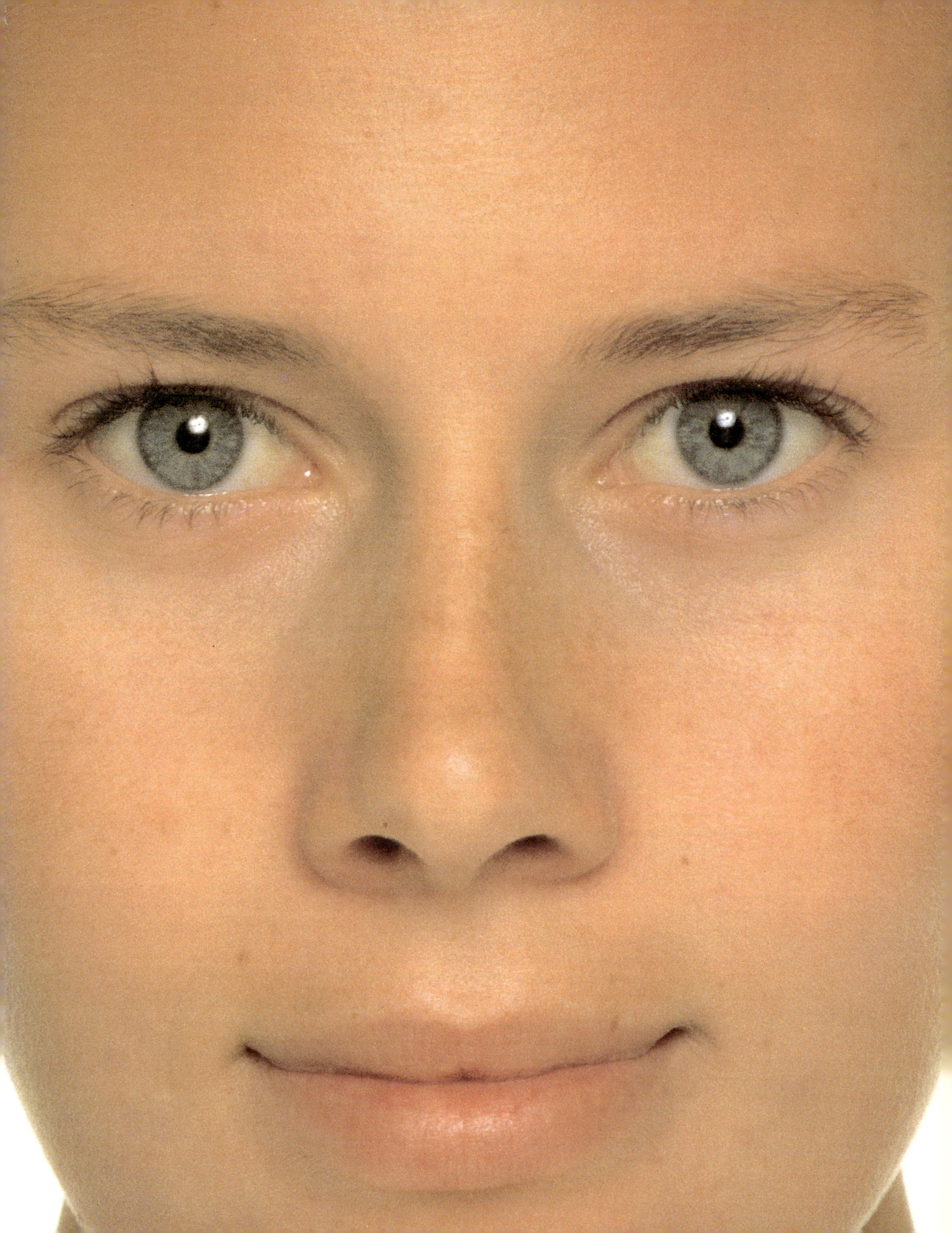

Die Harmonie der Farben

Vom ersten bis zum letzten Tag unseres Lebens sind wir von Farben umgeben.
Die Räume, in denen wir wohnen und arbeiten, der Ausblick aus dem Fenster, das Auto oder der Bus, in den wir steigen, das Essen auf dem Teller und die Katze auf dem Schoß, die Bücher im Regal und die Blumen auf dem Tisch – all ihre Farben setzen sich zu einer wahren Flut zusammen, die uns alltäglich überschwemmt. Wir nehmen die einzelnen Farben meist gar nicht bewußt wahr, es sei denn, eine Farbkombination zieht uns ganz besonders an, oder aber, sie bereitet uns Unbehagen.
Das Gefühl für passende Farbkombinationen scheint uns angeboren zu sein. Ohne darüber nachzudenken, empfinden wir eine Zusammenstellung von Farben als harmonisch, ein anderes Arrangement tut unseren Augen und unserer Seele weh.
Vielleicht liegt das daran, daß uns die Natur die prächtigsten Farbkombinationen vorgegeben hat. Wohl niemandem würde es einfallen, beim Anblick eines sanft graublau verschleierten Bergpanoramas zu sagen: „Aber der Baum mit seinen knallroten Herbstblättern im Vordergrund paßt nicht dazu.“ Niemand findet, daß die leuchtenden Farben eines Sonnenuntergangs mit all den vielen Schattierungen von strahlendem Rot über Gelb bis zu zart dumpfem Mauve grell oder unharmonisch seien. Niemand kommt auf den Gedanken, das fast gleichwertige Rot und Grün einer Wiese mit blühendem Mohn sei aufdringlich.

Alle Farbzusammenstellungen in der Natur, die schrillen und die zarten, empfinden wir als harmonisch.

Anders ist es oft bei den Farben, die Menschen zusammenstellen. Manchmal haben wir dabei das irritierende Gefühl, daß irgend etwas nicht stimmt, daß die Farben keine Harmonie ergeben, ja, daß sie uns sogar aggressiv machen, daß sie einen Menschen unscheinbar oder auffallend unsympathisch wirken lassen. Wir wollen uns in diesem Buch nicht mit Städtebau, Architektur und Wohnen befassen (obwohl es dazu, was Farben betrifft, viel zu sagen gäbe), sondern ausschließlich mit den Farben, die wir – freiwillig – an unserem Körper tragen sowie mit den natürlichen Farben von Haut, Haaren und Augen.
Haben Sie jemals darüber nachgedacht, daß auch Sie sich durch ein individuelles Farbenspiel präsentieren? Jeder Mensch hat zum Beispiel eine ganz bestimmte Hauttönung. Sie wird von mehreren Faktoren, unter anderem von dem Melanin, bestimmt. Melanin ist der Farbstoff der Pigmentzellen, der bei Sonnenbestrahlung verstärkt gebildet wird und für die individuelle Bräunung verantwortlich ist. Ein weiterer Faktor ist das Hämoglobin, der rote Blutfarbstoff, der mehr oder weniger stark durch die Haut schimmert. Es ist egal, ob wir gerade gebräunt oder aber winterblaß sind, der jedem Menschen ganz eigene Grundton seiner Haut bleibt immer gleich: Je nachdem, welche Mischung die Unterhaut tönt, wirkt der Teint entweder kühl und bläulich (und in der Sonne eher aschig) oder aber warm und golden. (Wie Sie Ihren Hautton bestimmen können, lesen Sie ab Seite 22.)

Die natürlichen Farben von Haut, Haaren und Augen stammen aus derselben Skala.

Der Mensch ist ein natürliches „Kunstwerk“ – Haut-, Haar- und Augenfarbe stammen aus derselben Farbskala der Pigmente. Alles paßt harmonisch zusammen, nur wir selber stören oft diese Harmonie. Dazu genügt schon ein bläulicher Lippenstift zu einer eher gelblichen Haut oder auch eine orangefarbene Bluse zu einem edel kühlen Teint, den sie nicht unterstreicht, sondern kränklich aussehen läßt. Oder eine neue Haarfarbe, die weder zur Haut noch zu den Augen paßt.

Warum unterlaufen uns allen immer wieder solche Fehler, wo wir doch eigentlich einen angeborenen Sinn für die Harmonie von Farben haben? Warum versagt unser Blick so oft, wenn es um uns selbst geht?

Dafür gibt es verschiedene Gründe:

Sicher ist daran die Tatsache schuld, daß es sehr, sehr schwer ist, sich ein objektives Bild von sich selbst zu machen. Auch wer sich tausendmal im Spiegel betrachtet hat, angezogen und nackt, in Jeans, im Kleid und im Bikini, mit tollem Make-up und ganz ungeschminkt, mit Urlaubsgesicht und unausgeschlafen, weiß immer noch nicht so recht, wie er eigentlich wirklich aussieht. Es ist, als würde unser Spiegelbild von vielen anderen inneren Bildern überlagert: vom Wunsch, wie man aussehen möchte und von vielleicht überzogener Selbstkritik, von der Ähnlichkeit, die man mit jemandem haben möchte und von einer Ähnlichkeit, die man sieht, aber ablehnt.

Ein anderer Grund, warum wir uns so oft falsch zurechtmachen, ist etwas, was uns selten bewußt wird: Die Farben, die wir lieben, müssen gar nichts mit denen zu tun haben, die wirklich zu unserem Äußeren passen. Da fühlt sich jemand fast magisch von einem strahlenden, klaren Grün angezogen, sieht aber in einem Kleid in dieser Farbe einfach nur bläßlich aus. Die Farbe strahlt, doch sie erschlägt die Töne der Haut und der Augen. Oder jemand liebt die warme, wohlige Aura von dunklen Erdfarben über alles und will gar nicht glauben, daß ihm kühles, pastelliges Blau viel besser steht.

Viele Kinder lieben Rot, später bevorzugen sie oft Blau. Alte Menschen wiederum fühlen sich oft zu Pastellfarben hingezogen.

Hinzu kommt, daß sich unsere Farbvorlieben im Laufe unseres Lebens öfters ändern. Erinnern Sie sich: Fast alle Kinder lieben Rot und Gelb. Kommen sie in die Pubertät, werden sie vom melancholischer wirkenden Blau angezogen. Im Erwachsenenalter kann sich die Lieblingsfarbe mehrmals ändern, und im Alter ziehen viele Menschen Pastelltöne vor. Unsere „inneren" Farben wechseln zwar, aber der Grundton unserer Haut bleibt ein Leben lang gleich.

Und selbst wenn wir graue Haare bekommen, werden sie das ganz individuelle Grau haben, das gerade zu unserer Haut und zu unseren Augen paßt.

Natürlich benutzen wir die Kleidung auch dazu, unsere Stimmungen auszudrücken – oder um sogar gegen sie anzukämpfen. Man zieht vielleicht eine knallgelbe Bluse an, gerade weil man sich so mies fühlt und glaubt, das fröhliche Gelb würde aufheiternd wirken oder wenigstens die Umgebung glauben lassen, es ginge einem blendend. Oder man kann eine bestimmte Farbe nicht an sich ertragen, wenn es einem schlecht geht; die Stimmung ist grau, die Kleidung auch, und es ist einem so egal, ob man jetzt in Rot besser aussehen würde. Gegen solche Gefühlsäußerungen ist auch gar nichts einzuwenden. Auch wenn Sie am Ende dieses Buches wissen, welche Farben Ihnen wirklich gut stehen und welche nicht, müssen Sie kein Dogma daraus machen. Es gibt eben Tage, an denen man alle Erkenntnisse über den Haufen werfen will, und das sollte man sich auch erlauben, wenn man sich dann besser fühlt.

Ähnliches gilt übrigens für all die vielen von Schwarz Begeisterten. Reines Schwarz steht tatsächlich nur etwa einem Viertel aller Frauen wirklich gut, alle anderen läßt es im Zweifelsfall müder, älter oder abgespannter wirken. Aber Schwarz ist eben mehr als eine Modefarbe, es dokumentiert auch eine Überzeugung. Schwarz kann einen aus der bunten Masse hervorheben. Schwarz bedeutet Anderssein, und manchmal braucht man das eben. Wir wollen hier auch nicht von den sogenannten modischen Tricks reden, davon, wie man Schwarz mit Hilfe von Schals oder anderen Accessoires „aufmuntern" könnte – dann wäre Schwarz kein Schwarz mehr. Vielleicht macht es ja mancher Schwarz-Fanatikerin trotzdem Spaß, einmal auszuprobieren, welche Farben denn eigentlich wirklich zu ihrem Äußeren passen.

Selbstverständlich spielt auch unser Verhältnis zur Mode bei der Art und Weise, wie wir mit Farben umgehen, eine Rolle. Zweimal im Jahr werden ganz bestimmte Modefarben angepriesen. Eine Mode kann schön sein, sich modisch kleiden macht Spaß – aber Mode wirkt auch wie eine Gehirnwäsche. Wenn Aubergine, Neonpink oder Smaragdgrün gerade Mode sind, dann sehen wir diese Farben mindestens eine Saison lang überall: in jedem Schaufenster und in jedem Restaurant, an Taschen und an Röcken, an Haarschleifen, Pullovern und Badeanzügen.

Mit manchen Farben sieht man gut, mit anderen phantastisch aus. Ob das Modefarben sind, spielt keine Rolle.

Das Auge gewöhnt sich an die Farben, und das Urteilsvermögen schwindet. Nun steht aber ganz bestimmt nicht jeder Frau Aubergine, Neonpink oder Smaragdgrün. Trotzdem werden sich wahrscheinlich recht viele ein Stück in einer Modefarbe kaufen. Sie können es sich einfach nicht verkneifen, den Trend mitzumachen, obwohl sie natürlich wissen, daß kein Mensch monieren würde: „Oh, du hast ja nicht einmal einen Mantel in Aubergine!" Vielleicht würden im Gegenteil manche sagen: „In deinem blauen Mantel siehst du wirklich gut aus." Aber Aubergine ist nun mal gerade die Modefarbe und nicht Blau.

Es gibt viele Farben, die einem gut stehen, aber in einigen sieht man um Klassen besser aus. Das betrifft das Make-up genauso wie die Kleidung. Und warum soll man sich mit etwas Gutem zufriedengeben, wenn man zum gleichen Preis etwas Besseres haben kann?

Betrachten Sie einmal in Ruhe die vier Frauen auf der gegenüberliegenden Seite. Einmal tragen sie Kleidung und Make-up in Farben, die nicht für sie geeignet sind, einmal in solchen, die ihnen gut stehen. Ehrlich gesagt, häßlich wirkt keine von ihnen auf einem der Fotos – einen schönen Menschen kann man nicht so leicht verunstalten. Und doch sieht man deutlich einen Unterschied: In den für sie typgerechten Farben sehen sie einfach noch attraktiver aus und wirken rundum harmonischer. Sie haben mehr Ausstrahlung. Man hat das Gefühl: Da stimmt alles, diese Farben passen zu dieser Person. Und genau darum geht es in diesem Buch.

Auch auf dem linken Foto ist das Styling sicher gut, kein Zweifel, aber die harten Farbkontraste unterstreichen nicht den von Natur aus zarten Typ – wie es die viel sanfteren Farben rechts im Bild bewirken

Viel Bräunungspuder und Rouge auf einer von Natur aus stärker getönten Haut (linkes Foto) sehen zwar sportlich aus, aber auch ein bißchen derb. Feiner und typgerechter ist hier das kühle Make-up rechts

Wer rötliche Haare hat, neigt zu Unter- oder Übertreibungen und greift entweder nur zu unscheinbaren Naturfarben oder gleich zu extremen Effekten wie lila Perlmutt (Foto links). Satte Farben, wie rechts zu sehen, geben einem solchen Typ sehr viel mehr Kontur

Eine Frau, die so intensive natürliche Farben hat (dunkle Haare und Augen, heller Teint), sollte diese Kontraste betonen. In den Mauschelfarben links wirkt sie langweilig, rechts dagegen aufregend

Die Farben der Jahreszeiten

Die Idee der Farbberatung stammt aus Amerika, und von dort kommt auch der Vorschlag, die einzelnen Farbtypen nach den vier Jahreszeiten zu benennen: Frühlings-, Sommer-, Herbst- und Wintertyp. Man hätte sie genausogut in Typ 1, Typ 2, Typ 3 und Typ 4 unterscheiden können oder nach A, B, C und D, aber die Jahreszeitentypologie hat etwas Faszinierendes und wurde deshalb wohl auch vielen so schnell geläufig. Man geht dabei davon aus, daß jedem Typ die Farben einer Saison ganz besonders gut stehen: die intensiven, kontrastreichen und kühlen Töne des Winters oder die gedämpfteren, wie mit Dunst belegten des Sommers, die warmen, klaren des Frühlings oder die leuchtenden, aber erdigen des Herbstes.

Die wichtigste, aber auch schwierigste Entscheidung: Stehen mir warme oder kalte Farben besser?

Das hat übrigens nichts damit zu tun, wann jemand geboren wurde oder welches seine Lieblingsjahreszeit ist. Es ist eher eine etwas willkürliche, romantische Zuordnung, die aber in ihrem Kern zutrifft. Und sie fußt im Prinzip auf zwei Gegebenheiten:

Erstens auf der Farbe des Teints. Die Haut hat entweder einen gelblichen, fast goldfarbenen Unterton – dann harmonieren mit ihr nur warme Farben; neben kühlen verliert sie ihren sanften Goldton und wirkt nur noch gelblich. Im anderen Fall schimmert die Haut bläulich und hat einen fast unmerklichen Grauton – dann gewinnt sie in der Umgebung von kühlen Farben und wirkt fahl neben warmen.

Den Winter- und Sommertypen stehen die Nuancen aus der Palette der kühleren Farben am besten. Frühlings- und Herbsttypen dagegen sehen in allen warmen Farben besser aus.

Die zweite Gegebenheit, auf der die Zuordnung zu einer Jahreszeit basiert: Es kommt nicht nur auf die Farbe an, sondern auch auf ihre Intensität und Tiefe. Stellen Sie sich eine Farbe, zum Beispiel Gelb, vor. Wie haben Sie sie vor Augen? Es gibt strahlendes, starkes Dottergelb, kühleres Zitronengelb, cremiges Gelb von Vanilleeis, eisiges Hellgelb, warmes, leicht rötliches Maisgelb sowie Goldgelb, Senfgelb... Sehen Sie den Unterschied zwischen einem starken Gelbton, zum Beispiel einem Dottergelb, der einen „anspringt", und einem zurückhaltenden, sehr zarten Gelbton wie etwa Vanillegelb?

Es gibt Menschen, die mit starken Kontrasten und kräftigen Farben herrlich aussehen und andere, die dahinter fast verschwinden. Man sieht das Kleid, seine Farbe und sein Muster, aber erkennt nicht mehr die Persönlichkeit. Solche Menschen brauchen pudrigere, sanftere Töne und Mauschelmuster – dann sieht man in ihr Gesicht und nicht nur auf das Kleid.

Jede Farbskala vermittelt ihre eigene Stimmung. Ihre Farben wirken sanft oder kräftig, blumig oder erdig.

Bei den Farbtypen, denen kühle Töne am besten stehen (Sommer- und Wintertyp), dominiert der Wintertyp gern in starken Kontrasten – denken Sie an kahle, dunkle Äste mit den letzten frostig roten Früchten vor dem Weiß des Schnees.

Der Sommertyp mag zwar ebenfalls kühle Töne, aber gedämpfter, weicher, pastelliger – wie der Dunst der Feuchtigkeit, die von der Sonne über den Feldern aufgesogen wird.

Bei den Farbtypen, denen warme Töne am besten stehen (Frühlings- und Herbsttyp), liebt der Herbst die kraftvolleren Farben – es ist nicht schwer, sich leuchtendes Herbstlaub auf brauner Erde vorzustellen.

Zum Frühling gehören zwar klare, aber zarte Töne – die Farben der Frühlingsblumen eben.
Nun trennen Sie bitte von den Farbkarten am Ende des Buches das Blatt mit den vier Farbpaletten auf Vorder- und Rückseite heraus und halbieren es längs. Legen Sie die Skalen nebeneinander, wenden Sie sie, und kombinieren Sie sie beliebig: Sehen Sie die Unterschiede zwischen kühlen und warmen, pudrigen und klaren Farben und zwischen sanften und kräftigen Zusammenstellungen? Jeder Farbstreifen gibt eine charakteristische Stimmung wieder. Es kann sein, daß Sie schon jetzt die eine oder andere Farbreihe besonders anziehend finden, eine dritte eher ablehnen. Vielleicht haben Sie bereits instinktiv die richtige Wahl getroffen. Das muß aber nicht so sein – legen Sie sich jetzt noch nicht fest. Die Entscheidung fällt dann, wenn Sie mehr über Ihren Typ wissen.
Und noch eines wird Ihnen vielleicht auffallen: Auf jeder Palette gibt es – mit minimalen Ausnahmen – jede Farbe, und da jede Palette einem Jahreszeitentyp zugeordnet ist, heißt das: Welcher Typ Sie auch sind, Sie können alle Farben tragen – es kommt nur auf die Nuance an.

Überall Farben, Farben ...

Wenn Sie erst einmal anfangen, sich mit Farben zu beschäftigen und versuchen herauszufinden, welche zu Ihnen passen und welche gar nicht, wird sich ein erstaunlicher Nebeneffekt einstellen: Plötzlich fallen Ihnen in Ihrer Umgebung Farben und Farbkombinationen auf, die Sie bisher gar nicht beachtet haben.
Sie werden im Restaurant vielleicht darüber nachdenken, warum der Mann am Nebentisch ausgerechnet ein grasgrünes Hemd trägt, warum die Farben der Vorhänge in einem so deutlichen Mißklang zu denen des Fußbodens stehen und warum sich die Frau in der Ecke die Haare hat gelb färben lassen, obwohl sie so ein rotes Gesicht hat. Klar, daß Ihnen, während Sie die Tagesschau sehen, mal die Gedanken abschweifen und Sie sich fragen werden, ob die Sprecherin gestern in dem mauvefarbenen Pulli nicht besser aussah als heute in der rosa Bluse? Welcher Typ ist sie denn eigentlich? (Letzteres ist, nebenbei gesagt, vom Fernsehschirm schwer abzulesen: da spielen Beleuchtung und Schminke eine zu große Rolle.)
Wahrscheinlich werden Sie irgendwann Ihrem Mann und Ihren Freunden auf den Wekker fallen, weil Sie anfangen, Farbzusammenstellungen bei der Kleidung zu kritisieren. Wenn sie protestieren – überhören Sie's! Die heiße Phase wird sich legen. Aber sie ist notwendig, damit Sie sich intensiv mit Farben und ihren Wirkungen auseinandersetzen und einen Blick dafür bekommen, wie Farben nebeneinander aussehen, wie sie ihre Wirkung gegenseitig steigern oder sogar schwächen können, aber auch wie lebendig und ausdrucksvoll Farben sein können. Halten Sie die Augen offen, Sie wecken und schärfen so von Tag zu Tag Ihren Farbensinn immer ein wenig mehr!

So sieht der Frühlingstyp aus

Die Frau, die man dem Frühlingstyp zuordnet, hat, ungeachtet ihrer Größe und ihres Körpergewichts, etwas Zartes, Zerbrechliches an sich. Ihre Haut ist es, die diesen Eindruck erweckt: Sie ist hell, fast blaß und transparent, sie hat keinen bläulichen, sondern immer einen gelblichen bis zart goldenen Unterton. Manche Frühlingstypen haben einen fast elfenbeinfarbenen Teint, bei anderen wiederum ist die Haut von feinen Rötungen durchzogen. Der nostalgische Vergleich mit einem Pfirsich ist nicht falsch: Viele Frauen dieses Typs haben rosig-pfirsichfarben überhauchte Wangen (das Wangenrot hat niemals einen bläulich roséfarbenen Ton!).
Viele leiden aber auch darunter, daß sie bei jeder Aufregung rote Flecken bekommen. Einige Frühlingstypen haben Sommersprossen, die genau betrachtet nicht graubraun, sondern goldbraun sind. Trotz der empfindlich scheinenden, zarten Haut werden Frauen dieses Typs meist schnell knackig braun.

Die meisten Frühlingstypen sind blond: flachsblond, strohblond, goldblond, beigeblond und hell rotblond; die Nuancen reichen bis zu honigfarbenem Dunkelblond. Was sich andere Frauen in mühsamen, langen Sitzungen vom Friseur färben lassen, hat der Frühlingstyp oft von Natur aus: helle goldene Strähnen im Haar oder von der Sonne zum Goldgelb ausgeblichene Spitzen. Als Kinder waren die meisten Frühlingstypen blond. Auch wenn die Haare später stark nachgedunkelt sind, werden sie niemals aschig, sondern behalten ihren warmen goldenen Schimmer. Die Augenfarbe des Frühlingstyps? Da ist die Palette groß – von Blau oder Blautürkis und Graugrün bis hin zu Goldbraun ist alles möglich. Sehr selten sind ganz dunkle und intensiv grüne Augen.

Foto rechts: Der ungeschminkte Frühlingstyp mit zartem Teint, der manchmal fast transparent wirkt, aber trotzdem oft mit deutlichem pfirsichfarbenem Wangenrot überhaucht ist. Die Haare haben, auch wenn sie nachgedunkelt sind, immer einen goldfarbenen Schimmer

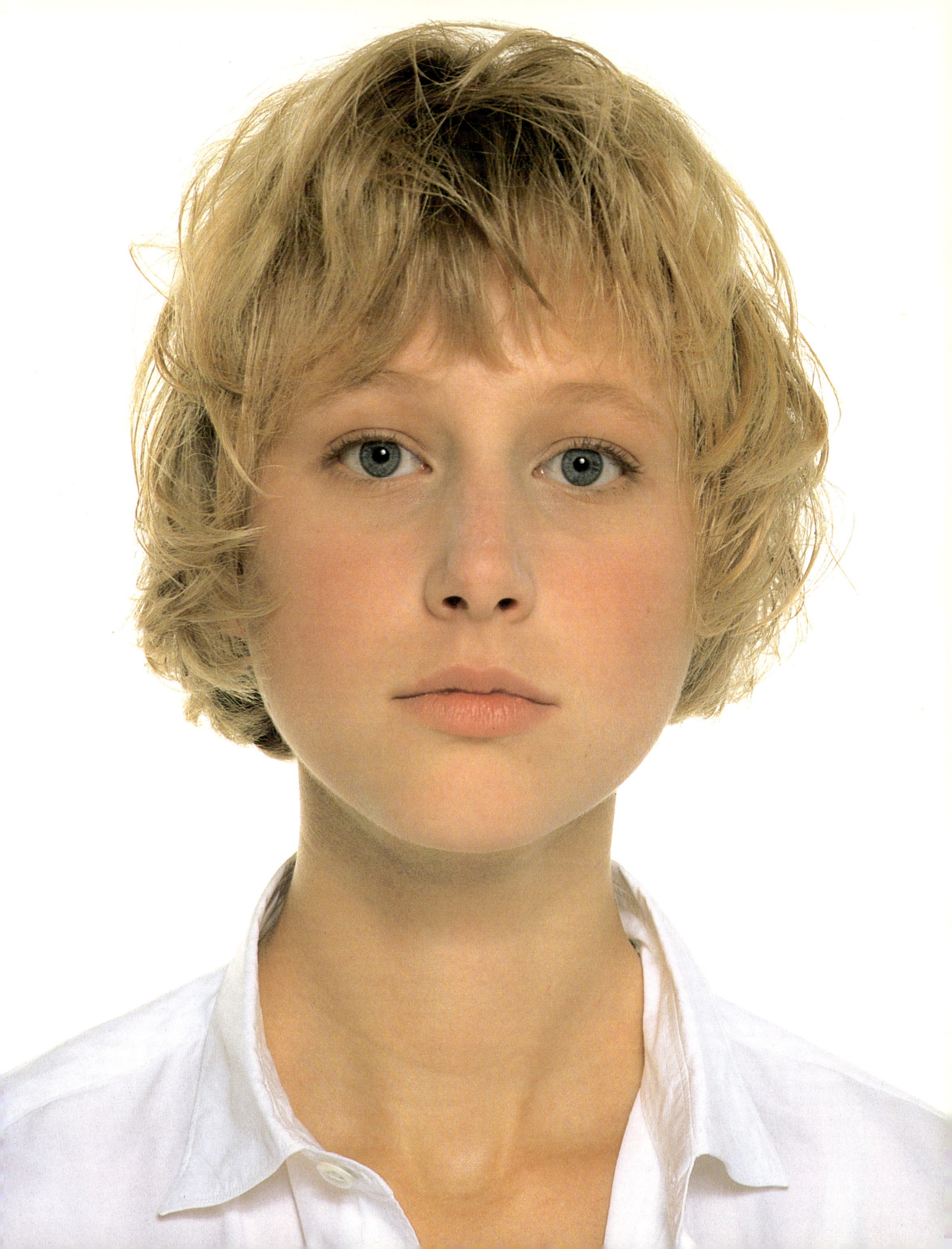

So sieht der Sommertyp aus

Frauen, die dem Sommertyp zugeordnet werden können, sind in unseren Breiten sehr häufig anzutreffen. Sommertypen können sehr unterschiedlich wirken, aber allen gemeinsam sind der bläuliche Unterton der Haut und der eher aschige statt goldene Glanz der Haare. Es gibt Sommertypen mit einem zarten hellen, fast milchweißen Teint; andere dagegen haben eine rosige, gut durchblutete Gesichtshaut. Bei der Selbsteinschätzung haben es diejenigen Sommertypen am schwersten, deren Haut eine Olivnuance aufweist: Da sie in der Sonne rasch zart braun werden, glauben sie oft, sie hätten einen eher gelblichen Hautunterton. Sommersprossen sind immer eher graubraun, nie wirken sie goldbraun wie die des Frühlingstyps! Bis auf die blassen, weißhäutigen bräunen alle Sommertypen ziemlich leicht, und ihre Haut bekommt dann einen Haselnußton. (Die Bräune des Frühlingstyps ist dagegen eher etwas rötlich!) Auffallend bei den meisten Sommertypen ist, daß sie oft mit ihrer Haarfarbe unzufrieden sind und mehr als die anderen mit Tönungen experimentieren. Das schönste silbrig schimmernde Aschblond erscheint ihnen selbst nur mausig. Waren Sommertypen als Kinder blond, dann wirklich platinblond ohne einen Gelbstich. Einige wenige behalten dieses Blond bei, den meisten anderen aber dunkeln die Haare nach; sie werden aschblond oder mittelbraun bis dunkelbraun. Lassen Sie sich nicht täuschen, wenn Sie in der Sonne in Ihrem sonst aschblonden Haar rötliche Lichter entdecken! Es sind Rotpigmente, die bei fast jedem Mitteleuropäer bei Sonnenbestrahlung im Haar zum Vorschein kommen – schwarzes Haar von Asiaten schimmert dagegen blau. Die Augenfarben der Sommertypen? Häufig Graublau, Hellblau, Graupetrol, Blaugrün, aber auch Haselnußbraun. Charakteristisch für viele Sommertypen ist, daß ihre Augen leicht verhangen wirken; das Weiß des Auges ist eher milchig und steht in keinem starken Kontrast zur Iris.

Foto rechts: Der ungeschminkte Sommertyp. Im allgemeinen ist sein Teint stärker pigmentiert als der des Frühlingstyps. Wenn die Haut Sommersprossen hat, sind diese eher grau als golden. Typisch sind die Haarfarben Aschblond oder Aschbraun, die beide kühl wirken

So sieht der Herbsttyp aus

Der Herbsttyp ist das attraktive Chamäleon unter den vier Farbtypen. Je nachdem, für welchen Stil sich der Herbsttyp entscheidet, er ist wandelbar wie kein anderer. Manche Frauen dieses Typs wirken dank ihrer intensiven Haar- und Augenfarben schon ungeschminkt ausgesprochen anziehend, andere, man muß es zugeben, sind auf den ersten Blick eher unscheinbar, sie gewinnen aber bereits mit einer Spur Farbe enorm an Attraktivität. Alle Herbsttypen haben einen gelblich-goldenen, warmen Hautunterton; der Teint erscheint je nach Veranlagung blaß durchsichtig (manchmal mit leicht rötlichen Sommersprossen), oder er zeigt eine zarte Champagnertönung. Viele andere Frauen dieses Typs haben eine intensivere Hautfarbe: ein kräftig goldenes Beige oder Pfirsich, ähnlich wie manche Frühlingstypen, aber wesentlich deutlicher als diese. Noch ein Unterschied: Die Haut der Frühlingstypen wirkt meist rosig überhaucht, mit oft pfirsichfarbenen Wangen, Herbsttypen haben dagegen fast nie ein natürliches Wangenrot.

Und: Während Frühlingstypen schnell braun werden, holen sich die meisten Herbsttypen ebenso schnell einen Sonnenbrand. Die charakteristischste Haarfarbe des Herbsttyps ist Rot – von Karottenrot über Kupferrot bis hin zu Kastanienbraun. Natürlich gibt es auch Frauen dieses Typs, die mittelblonde oder dunkelblonde Haare haben, nie aber fehlen die goldenen, manchmal auch leicht rötlichen Glanzlichter! Wie der Teint, so hat auch das Haar immer einen warmen Schimmer – ganz im Gegensatz zum kühler wirkenden Hautton des Sommertyps und dessen silbrig-aschigen Haarnuancen.

Die Augenfarben der Herbsttypen? Bei vielen sind gerade die Augen ganz besonders beeindruckend – immer sind sie sehr intensiv, manchmal glasklar oder fast glühend. Die Farbpalette reicht vom strahlendsten Hellblau, Stahlblau und Petrol über Bernstein bis hin zu hellem Schilfgrün und sattem Oliv, von Goldbraun bis zu intensivem Dunkelbraun. Typisch für viele Herbsttypen ist auch eine gefleckte Iris mit goldenen Strahlen.

Foto rechts: Der ungeschminkte Herbsttyp. Rötliche oder honigfarbene Haare, intensive Augen in einer warmen Farbe, blaß gelbliche oder bräunliche Haut sind seine charakteristischen Merkmale. Hat der Herbsttyp Sommersprossen, was häufig vorkommt, sind sie immer goldbraun

So sieht der Wintertyp aus

Weiß wie Schnee und schwarz wie Ebenholz" – Schneewittchen hatte die charakteristischen Merkmale der Wintertypen. Diese Frauen faszinieren durch ihre dramatischen Kontraste: helle Haut, dunkle Haare und intensive Irisfarben neben einem klaren Augenweiß. Der Unterton der Haut ist immer kühl bläulich. Es ist manchmal schwer, dies eindeutig zu entdecken, denn obwohl die weißhäutigsten Wintertypen in der Sonne nie richtig braun werden, können sie doch eine zarte Bräune erzielen, die auf den ersten Blick über den bläulichen Unterton der Haut hinwegtäuscht. Noch schwerer mit der eindeutigen Zuordnung tun sich die Frauen, deren Haut leicht oliv getönt ist, sie halten sich oft für einen charakteristischen Herbsttyp.

Manchmal wird erst im Vergleich mit der warm golden schimmernden Haut eines Frühlingstyps der bläuliche Grundton deutlich. Egal ob blaß weiß oder olivfarben gebräunt, immer wirkt die Haut des Wintertyps durchsichtig, porzellanartig und kühl; nur zögerlich zeigt sich manchmal ein Hauch Rosa auf den Wangen. Die meisten Frauen dieses Typs haben relativ dunkle Haare: blauschwarz, tiefschwarz, schwarzbraun und dunkelbraun. Manche waren zwar als Kinder weißblond, die Haare dunkelten aber im Erwachsenenalter bis zu einem Mittelbraun nach. Immer hat der Wintertyp einen kühlen, aschigen Farbton im Haar, auch dann, wenn im starken Sonnenlicht ein rötlicher Schimmer aufzuleuchten scheint. Diese Rottöne, die auch in stark strapazierten Haarspitzen auftauchen können, rühren von tieferliegenden Pigmenten des Haares her, die nichts mit der eigentlichen Haarfarbe zu tun haben. Die Augenfarbe der Wintertypen? Auf jeden Fall klar, intensiv und deutlich. Die häufigsten Augenfarben: Eisblau, Veilchenblau, Tiefblau, unverfälschtes Grau, glasklares Grün und natürlich Dunkel- und Schwarzbraun. Relativ selten sind Mischfarben, wie zum Beispiel Graugrün, aber selbst solche Augenfarben wirken nie so cremig gedämpft wie die des Sommertyps, da sie in intensivem Kontrast zu dem klaren Weiß des Augapfels stehen.

Foto rechts: Der ungeschminkte Wintertyp. Auch zart gebräunt wirkt der Teint der Wintertypen kühl und hell wie Porzellan, aber nie warm golden. Ihr wichtigstes Kennzeichen aber sind die Kontraste: dunkle Haare zur hellen Haut, starke Irisfarben neben klarem Augenweiß

Warm oder kühl, sanft oder intensiv?

DEN RICHTIGEN FARBTYP FINDEN

Jede Frau kann im Prinzip alle Farben tragen, die sie liebt, es kommt nur darauf an, welche Nuance sie jeweils auswählt. Denn von jeder Farbe gibt es unzählige Schattierungen, und es gibt ein paar Regeln, nach denen sie sich verschiedenen Gruppen zuordnen lassen. Um das Charakteristische dieser Farbgruppen zu erkennen, muß man erst mal ganz neu sehen lernen.

Welcher Farbtyp bin ich?

Vielleicht haben Sie sich bereits bei der Beschreibung in einem der vier Jahreszeitentypen wiedererkannt. Wahrscheinlicher aber ist, daß Sie jetzt eher irritiert sind und fragen: Haben meine Haare nun wirklich goldene Lichter? Ist meine Haut nun gelblich oder bloß gebräunt? Wo ist der blaue Schimmer, den ich erkennen soll? Der folgende Abschnitt besteht aus zwei Teilen. Einer steht unter dem Motto: Die Farben sehen lernen, wie sie wirklich sind. Der zweite Teil beschäftigt sich mit der Frage: Welche Farben passen zu mir?

Diese Lektion zum Thema „die Farben sehen lernen“ ist wichtig, weil wir alle, vom Aufwachen bis zum Einschlafen, täglich von einer Flut von Farben überschwemmt werden, ohne daß wir ihre Nuancen wirklich bewußt wahrnehmen.

Haben Sie die Farbkarten am Ende des Buches schon herausgetrennt? Nehmen Sie jetzt bitte zunächst die Karte mit den vier verschiedenen Farbstreifen für die vier Jahreszeittypen auf der Vorder- und Rückseite, und schneiden Sie sie längs in der Mitte auseinander.

Pink oder bläuliches Rosé ist eine ausgesprochen kühle Farbe. Es beißt sich mit allen warmen Farbtönen

Betrachten Sie sie! Wenden Sie sie! Vergleichen Sie sie! Kombinieren Sie sie immer wieder ganz neu!

Lassen Sie diese Farbstreifen offen liegen, während Sie weiterlesen, und spielen Sie zwischendurch immer mal wieder damit. Sie werden sehen, daß Sie ganz automatisch ein Gefühl dafür entwickeln, das Ihnen zeigt, worauf es bei den einzelnen Farbgruppen ankommt. Können Sie schon erkennen, daß jeweils zwei Farbgruppen miteinander harmonieren und daß sich jeweils zwei beißen? Da sind die zwei Skalen mit den warmen Farben für die Jahreszeiten Frühling und Herbst. Und die zwei Streifen mit den kühlen Farben für Sommer und Winter. Warme Farben nebeneinander emp-

Lachsrosa oder Apricot ist der wärmste Rosaton. Er geht stark ins Gelbliche und nicht wie Pink ins Bläuliche

finden wir als harmonisch, dasselbe gilt für kalte Farben. Winter (kalte Farben) und Herbst (warme Farben) miteinander kombiniert, stören dagegen unser Farbempfinden sehr.

Verschieben Sie die Karten doch bitte mal so, daß jeweils eine Farbgruppe, zum Beispiel die Rottöne von Winter und Herbst, nebeneinander liegen. Sehen Sie die Unterschiede?

Das Rot des Winters ist entschiedener, klarer und vor allem bläulicher. Es geht ins Zyklamrot. Dazu kommen nur noch ein kühles Pink und ein eisiges Rosé.

Vergleichen Sie damit bitte das Rot des Herbstes: Es ist um Dimensionen sanfter und wärmer! Die kräftigsten Rottöne (sehen Sie den Braun- bis Gelbton darin?) werden bei den leichteren Tönen nicht bläulicher, sondern eher Orange, Apricot und Lachs. Keine Frage: Beide, Winter- und Herbsttyp, können Rot tragen. Es steht ihnen ausgesprochen gut, allerdings nur dann, wenn Sie den richtigen Farbton ausgewählt haben. Das gleiche gilt für Blau, Grün, Gelb und alle anderen Farben – es gibt jeweils Abstufungen in warme und in kalte Bereiche, und auf genau diese Abstufungen kommt es an!

Noch etwas wird Ihnen an den Farbstreifen auffallen: Ihre Anmutung ist oft sehr unterschiedlich – die einen wirken zarter, die anderen intensiver. Die dem Sommer und dem Winter zugeordneten zum Beispiel sind beides kühle Farbreihen, aber sie unterscheiden sich deutlich in der Tiefe. Die Skala der Sommerfarben enthält gedämpfte, fast rauchige Töne, die der Winterfarben dagegen hat klare und reine. Die dem Frühling und dem Herbst zugeordneten Skalen bestehen aus warmen Farben: Die Frühlingsfarben sind zart und frisch, die Herbstfarben erdig und voll.

Nehmen Sie nun bitte die sieben weiteren Farbkarten zur

Hand – Sie haben auf den Vorder- und Rückseiten insgesamt vier Rottöne, vier Blautöne, vier Grüntöne, ein Rosé und ein Apricot. Sehen Sie die Unterschiede? Auf einer Seite hat jede Karte einen warmen Farbton, auf der anderen Seite einen kühlen. Auch die Intensität der Farben ist unterschiedlich – einige sind sehr kräftig und klar, andere dagegen weich und gedämpft.

Jeder der einzelnen Farbtöne harmoniert mit einer Jahreszeitenskala. Probieren Sie es aus! Schlagen Sie die Seiten 28 und 29 auf: Hier sehen Sie alle vier Farbskalen nebeneinander abgebildet. Plazieren Sie eine Karte nach der anderen in die vorgezeichneten Felder, oder so wie Sie es wünschen. Können Sie den Effekt erkennen? Alle warmen Farben harmonieren mit denen in den Farbskalen der Jahreszeiten Frühling und Herbst, alle kalten mit den ebenfalls kalten in den Farbskalen von Sommer und Winter. Ein Herbstgrün (warm) zum Beispiel beißt sich mit den Sommerfarben (kalt). Am deutlichsten erkennen Sie die Harmonien und Disharmonien wahrscheinlich anhand der Karten mit den Farbtönen Apricot und Rosé. Das warme Apricot fügt sich harmonisch in die Frühlings- und Herbstfarbskalen – während es neben denen zu Sommer und Winter wie ein Fremdkörper wirkt. Beim kühlen Rosé ist es genau umgekehrt.

Sind Sie nun bereit für einen Test?

Um zu testen, welcher Farbtyp Sie sind, müssen Sie erst einige Vorbereitungen treffen. Zuerst die Wahl des Platzes: Ideal ist ein Nordfenster, denn im hellen Sonnenschein können Sie die Farben nicht wirklich neutral beurteilen. Auch die Malerateliers sind aus denselben Gründen nach Norden ausgerichtet. Machen Sie den Test bitte nur tagsüber, denn Kunstlicht verfälscht ebenfalls die Farben. Sie brauchen einen möglichst großen Spiegel, den Sie dann in Sitzhöhe davor stellen können. Natürlich sollten Sie den Farbtest ungeschminkt machen. Haben Sie Hautunreinheiten oder rote Äderchen? Decken Sie sie bitte nicht ab – Sie können Ihren Farbtyp nur dann bestimmen, wenn Sie sich so sehen, wie Sie wirklich sind. Nun zu den Haaren: Wenn Sie Ihre Naturfarbe haben, gibt es keine Probleme. Sind die Haare aber getönt, gefärbt oder ausgeblichen, könnten sie den Test verfälschen. Manche Farbberaterinnen decken die Haare dann mit einem Tuch in einer neutralen Farbe ab; wir glauben aber, daß man die Farbe des Tuchs als Rahmen um das Gesicht unbewußt immer in die Bewertung miteinbezieht.

Kämmen Sie sich die Haare lieber ganz streng aus dem Gesicht! Sieht man vielleicht schon deutlich einen nachgewachsenen Haaransatz? Um so besser! Machen Sie den Test nur in einem Hemdchen, oder wickeln Sie – die Schultern müssen freibleiben – ein Tuch, ein Herrenhemd, ein Handtuch oder ähnliches um sich. Wichtig ist nur die Tatsache, daß der Stoff möglichst keine Farbe hat. Jede Farbe würde Sie beim Test ablenken. Ideal ist gebrochenes (nicht gelbliches!) Weiß.

Ehe Sie mit den Vorbereitungen beginnen, sollten Sie sich noch eine Frage beantworten: Wollen Sie den Test allein machen, oder haben Sie zur besseren Beurteilung gern noch andere dabei?

Manchmal wird empfohlen, zusammen mit ein paar Freundinnen ein richtiges „Farbberatungstestfest“ zu veranstalten, bei dem eine Frau der anderen hilft. Keine Frage, daß das Spaß bringt – aber es ist zweifelhaft, ob es auch viel Sinn macht. Freundinnen urteilen zwar tatsächlich oft objektiver, aber die Gefahr ist groß, daß sie unbe-

wußt auch ihre eigenen Lieblingsfarben auf Sie übertragen. Und das müssen nicht die Farben sein, die wirklich zu Ihrem Teint passen!
Wir raten Ihnen: Machen Sie den Test erst einmal in aller Ruhe allein. In Gemeinschaft können Sie ihn immer noch einmal wiederholen.
Ähnliches trifft übrigens für Männer als Berater bei Ihrem Test zu. Wahrscheinlich nur wenige können ein wirklich objektives Urteil abgeben. Partner schauen oft lediglich, zwar durchaus liebevoll, auf Erinnerungsbilder, zum Beispiel auf das Blau des Pullovers, den Sie trugen, als Sie sich kennenlernten. Sie wissen es ja selbst: Das ist sicher eine Farbe, die Ihnen gut steht, aber sie ist deshalb nicht unbedingt die beste!

Oft glauben wir, daß uns eine Farbe besonders gut steht – nur, weil das mal jemand gesagt hat.

In Farbberatungsstudios wird meist mit verschiedenfarbigen Stofftüchern gearbeitet, die den Kundinnen um die Schultern gelegt werden. Da Zuhause niemand ganze Stapel von jeweils einfarbigen Tüchern in den exakt richtigen Farbnuancen zur Verfügung hat, müssen im Selbsttest die Farbkarten denselben Zweck erfüllen: zu erkennen, welche Farben mit denen des Gesichts harmonieren und welche nicht. Geht das überhaupt?
Theoretisch ist das Verfahren einfach: Sie halten sich, im richtigen Tageslicht bequem vor dem Spiegel sitzend, eine Karte nach der anderen unter das Kinn und beobachten, was unter dem Einfluß der Farbe mit Ihrem Gesicht passiert. Lebt es auf? Oder wirkt es müder?

Trägt man die idealen Farben, so sieht man das Gesicht und nicht nur das Kleid.

Sie werden schnell merken, daß die Sache in der Praxis nicht ganz so simpel ist, wie sie sich anhört. Sich selbst richtig zu beurteilen, ist immer schwer – egal, ob man dabei ein Stofftuch um die Schultern legt, ein neues T-Shirt anprobiert oder mit einer der Farbkarten arbeitet. Lesen Sie deshalb bitte dieses Kapitel erst zuende, bevor Sie mit dem eigentlichen Farbtest beginnen.
Darauf kommt es an, wenn Sie sich testen:

- Schauen Sie bitte im Spiegel immer auf Ihr Gesicht und nicht auf die Farbkarte! Das ist gar nicht so einfach, aber die Farbe selbst ist erst einmal nebensächlich – was sie auf Ihrem Gesicht bewirkt ist wichtig!
- Versuchen Sie, sich von allen Vorurteilen gegen einzelne Farbtöne zu lösen. Bei diesem Test geht es nicht darum, welche Farben Sie mögen oder nicht, welche Sie schon im Kleiderschrank haben oder welche Sie auf keinen Fall tragen würden – es geht einzig und allein darum, herauszufinden, welcher Farbtyp Sie sind. Sagen Sie deshalb nie von vornherein: „Die Farbe steht mir nicht." Wenn Sie nicht wollen, müssen Sie diese Farbe ja nie tragen – aber die Farbkarte soll Ihnen deutlich machen, zu welcher Farbgruppe Sie gehören.
- Resignieren Sie bitte nicht, wenn Sie am Anfang gar keine wesentlichen Unterschiede erkennen. Auch professionelle Farbberaterinnen, die in einem Studio arbeiten, brauchen beim Testen meist mehrere Durchgänge, bis sie sich – gemeinsam mit der Kundin – ein endgültiges Bild machen können. Lassen Sie sich deshalb Zeit, wiederholen Sie das Ganze mehrmals, treffen Sie zwischendurch schon mal eine Auswahl, und überprüfen Sie sie in Ruhe. Sie werden sehen, mit der Zeit entwickeln Sie ein Gefühl dafür, worauf es ankommt!

Am besten beginnen Sie mit der rosa Karte. Hier sehen Sie den Kontrast zwischen einem

Die beiden Skalen mit Farben, die dem Frühlingstyp (links) und dem Herbsttyp (auf dieser Seite rechts) gut stehen. Legen Sie die Farbkarten an: Mit beiden Reihen harmonieren nur die warmen Farben – zum Frühling passen die frischen, klaren, zum Herbst die erdigeren

Die Farben für den Sommertyp (links auf dieser Seite) und für den Wintertyp (rechts) – beiden stehen nur kühle Farben gut. Überzeugen Sie sich davon, indem Sie die Farbkarten anlegen. Zum Sommertyp passen gedämpftere, kühle Nuancen, zum Wintertyp die klaren, intensiven

bläulichen und einem gelblichen Ton am deutlichsten. Halten Sie sich abwechselnd und jeweils lange die kühle Roséseite und die warme Apricotseite unters Gesicht und beobachten Sie, was bei welchem Farbton in Ihrem Gesicht passiert:
Wird Ihr Teint gelber? Oder rosiger? Grauer? Fahler? Strahlen Ihre Augen intensiver? Oder sieht man die Augenringe deutlicher? Wirken Sie frischer oder aber älter? Treten Hautunreinheiten stärker hervor? Wirkt das Gesicht soßig, schwammig, oder bekommt es vorteilhafte Konturen? Haben Sie das Gefühl, daß Ihr Gesicht hinter der Farbe verschwindet, blaß und unscheinbar wird? Noch einmal: Sie werden all dies nicht auf Anhieb erkennen können, aber Sie finden bestimmt schon jetzt einige Anhaltspunkte.
Testen Sie nun die vier verschiedenen Rottöne. Rot ist die Farbe, die am stärksten auf einen zukommt. Belebt ein warmes Rot Ihre Gesichtszüge, oder tut Ihnen, im Gegenteil, ein kühles Rot gut? Vielleicht können Sie sich noch nicht zwischen zwei Rottönen entscheiden – warten Sie einfach ab. Testen Sie in Ruhe alle Farben auf den Karten, und wiederholen Sie das Ganze, so oft Sie Lust haben. Ihr Blick wird sich dabei schärfen und Sie werden herausfinden, worauf es ankommt: Sie sind kein Kleiderständer für ein Kleid in einer tollen Farbe, zu der Sie sich passend schminken müssen. Die für Sie idealen Farben stehen Ihnen so gut, daß Sie mit solcher Kleidung morgens auch mal ungeschminkt weggehen könnten, weil man Ihr Gesicht sieht und nicht nur die Farbe der Kleidung.
Haben Sie eine Auswahl getroffen und sich schon für einen Typ entschieden? Oder schwanken Sie noch zwischen verschiedenen Jahreszeiten? Überlegen Sie bitte: Wo könnte ein Irrtum vorliegen? Gab es da vielleicht ein Kleid in der einen oder anderen Farbe, für das Sie besonders viele Komplimente erhielten, die Sie jetzt beeinflussen?
Bei der Entscheidung werden Sie manchmal sagen: „Die Farbe steht mir aber auch!" (Natürlich!) Trotzdem – gehen Sie bitte keine Kompromisse ein. Es geht um die Farben, die Ihnen nicht nur gut, sondern am besten stehen! Machen Sie sich Notizen, zum Beispiel: Rot – Frühling, Blau – Sommer, Grün – Frühling, Rosé – kühl. In diesem Fall wären Sie ganz offensichtlich blond, und Sie schwankten noch, ob Sie ein Frühlings- oder ein Sommertyp sind. Daß Sie sich für das kühle Rosé entschieden haben, spricht schon mehr für den Sommer. Machen Sie den Test noch einmal, und – vor allem – lesen Sie sich die Beschreibung der einzelnen Typen noch einmal genau durch. Was trifft auf Sie zu?

Manchmal sieht man nur im Vergleich mit anderen, welchen Ton die eigene Haut wirklich hat.

Ganz entscheidend ist, zu erkennen, welchen Unterton Ihre Haut hat, einen bläulichen oder einen gelbgoldenen. Schauen Sie auf die Unterseite Ihrer Arme, auf die nicht sonnengebräunte Stirn unter einem Pony, auf Ihren Busen oder Ihren Bauch! Farben geben sich oft erst im Vergleich zu anderen richtig zu erkennen: Vergleichen Sie deshalb Ihre Haut mit der von anderen Menschen. Ist ihre Farbe kühler oder wärmer? Mit der Zeit werden Sie einen Blick dafür bekommen. Übrigens: Das Einschätzen anderer kann bald zu einem reizvollen heimlichen Spiel werden!
Ob Ihre Entscheidung für einen bestimmten Jahreszeitentyp richtig war, können Sie auf den Seiten 36 bis 39 überprüfen.

Wenn Sie herausfinden wollen, welche Farben am besten zu Ihnen passen und um welche Sie besser einen Bogen machen sollten, müssen Sie – als Allerwichtigstes – einen Blick für Farben entwikkeln. Grün ist nicht gleich Grün und Blau nicht gleich Blau! Es gibt hunderte von feinsten Abstufungen. Auf dieser Seite sind von einer Farbe nur jeweils vier Nuancen zu sehen. Alle sind identisch mit den Farbtönen auf den Karten am Ende des Buches, und sie harmonieren wie diese jeweils mit den Farben des Frühlings, des Sommers, des Herbstes und des Winters.

Worauf es ankommt, wenn man seinen Farbensinn trainieren will: zu erkennen, ob ein Farbton relativ klar und unvermischt ist oder ob er mit einer anderen Grundfarbe abgetönt wurde. Mit welcher?
Mit einem warmen Farbton (Gelb oder Rot) oder mit einem kühlen (Blau)? Hier eine Hilfe: Die jeweils in den beiden linken Feldern eines jeden Farbwürfels befindlichen Farben sind mit warmen Grundfarben abgetönt, die jeweils in den beiden rechten mit kühlen

Sie haben sich jetzt lange vor dem Spiegel getestet – es wäre nicht ungewöhnlich, wenn Sie trotzdem noch immer einige Zweifel hätten. Die Frauen auf den nächsten vier Seiten sehen sicher ganz anders aus als Sie, trotzdem können Sie sich in einer von Ihnen wiedererkennen, denn sie verkörpern jeweils einen Jahreszeitentyp: Überprüfen Sie es, indem Sie die Farbkarten anlegen. Links der Frühlings-, rechts der Sommertyp: Sehen Sie die Unterschiede?

Sie haben so manche Ähnlichkeit und doch gibt es viele deutliche Unterschiede: der Herbsttyp (links) und der Wintertyp (rechts). Legen Sie nacheinander alle Farbkarten an. Wirklich gut sieht der Herbsttyp nur in warmen, erdigen sowie mit Gold getönten Farben aus! Zum Winter passen hervorragend kalte Farben und intensive Farbkontraste.

Überprüfen Sie, ob Ihre Entscheidung richtig ist

Sie haben die Beschreibung der einzelnen Jahreszeitentypen gelesen; Sie haben die vier verschiedenen Farbskalen der Jahreszeiten studiert und wahrscheinlich festgestellt, daß eine davon besonders gut zu Ihnen paßt. Sie haben sich selbst mit Hilfe der Farbkarten vor dem Spiegel getestet (wahrscheinlich mehrmals, allein oder später mit einer Freundin) und die Wirkung der verschiedenen Rot-, Blau- oder Grüntöne auch auf die Gesichter der abgebildeten Frauen beobachtet. Möglicherweise sind Sie sich jetzt schon ganz sicher, welcher Farbtyp Sie sind.

Es gibt aber Frauen, denen die Entscheidung nicht so leicht fällt. Vielleicht, weil sie über lange Zeit hinweg bestimmte Farben favorisiert haben und sich nun herausstellt, daß sie nicht ideal zu ihrem Typ passen. In solch einem Fall muß man sich zunächst von „seinen" Farben trennen. Manche Frauen können dies auch deshalb nicht, weil es ihnen bisher ganz egal und keinen Gedanken wert war, ob ihnen die „Lieblingsfarben" stehen oder nicht. Verständlicherweise wollen sie jetzt nicht akzeptieren, daß dies nicht unbedingt die idealen sind. Andere haben vielleicht deshalb Schwierigkeiten, sich mit einem Farbtyp zu identifizieren, weil sie finden, daß ihnen einige Farben aus zwei ganz verschiedenen Jahreszeitenskalen gut stehen und sie sich nun nicht entscheiden können, in welchen sie besser aussehen.

Der nun folgende Test soll Ihnen Klarheit verschaffen. Sie können Ihre bereits gefällten Entscheidungen überprüfen oder aber, falls Sie noch wankelmütig sind, zu einem endgültigen Ergebnis kommen:

- Für alle gilt: lesen Sie bitte alle Fragen und Behauptungen, die die einzelnen Farbtypen betreffen.
- Betrachten Sie sich im Zweifelsfall nochmal kritisch bei Tageslicht im Spiegel.
- Wenn es um Farbproben geht: Durchsuchen Sie Ihren Kleiderschrank, und bitten Sie andere Familienmitglieder um ihre Mithilfe, bis Sie Stücke in den entsprechenden Farbtönen gefunden haben – das kann auch ein Handtuch oder ähnliches sein. Kramen Sie alles Entsprechende heraus – nur auf die Farbe kommt es an!
- Machen Sie vor jede Aussage, die Sie bejahen können, ein Kreuzchen. Gehen Sie alle vier Jahreszeitentypen durch, auch wenn Sie letztendlich bei einem nichts ankreuzen können.
- Im Test fragen wir noch einmal nach Ihrer Haut- und Haarfarbe, nach der Art, wie Sie in der Sonne bräunen (oder auch nicht) und nach einigen besonders charakteristischen warmen oder kalten Farbtönen, die auffallend gut oder gar nicht zu Ihnen passen. Wundern Sie sich bitte nicht, daß wir auf die Beschreibung der Augenfarben verzichtet haben. Sie wissen es ja wahrscheinlich selbst: die Farbwirkung der Iris kann sich je nach Lichteinfall, nach der Farbe der Kleidung, ja sogar nach der Stimmung so verändern, daß es oft unmöglich ist, sie auf einen Jahreszeittyp festzulegen. Was an den Augenfarben für jeden Farbtyp wirklich als charakteristisch angesehen oder aber ausgeschlossen werden kann, lesen Sie in den Beschreibungen auf den Seiten 14 bis 21. Sonst gilt, was die Augenfarbe betrifft: Ausnahmen gibt es immer wieder!
- Wahrscheinlich werden Sie feststellen, daß Sie bei einem Jahreszeittyp viele Kreuzchen haben, bei einem anderen gar keine und bei zwei weiteren vielleicht nur ganz wenige. Die Entscheidung ist zwar

jetzt schon gefallen, denn die Mehrzahl der Kreuzchen hat Ihnen den Hinweis gegeben. Schauen Sie sich bitte trotzdem nochmal alle Fragen an, die Sie bei den anderen Farbtypen angekreuzt haben. Überlegen Sie, warum Sie's getan haben. Sind Sie ganz sicher, daß Sie sich nicht geirrt haben? (Es ist tatsächlich möglich, daß Ihnen auch einzelne Farbnuancen aus einer anderen Skala besonders gut stehen – aber als kühler Farbtyp dürften Sie immer nur in der zweiten kühlen Farbskala und als warmer Farbtyp nur in der zweiten warmen Skala fündig werden! Hier, in diesem Test, wird nach dem Gegensatz zwischen Warm und Kalt gefragt, das heißt, Sie müssen sich entscheiden! Tun Sie es, im eigenen Interesse – Sie werden dann später ohne viel Nachdenken sicherer sein, wenn Sie in den Kleiderschrank oder nach Ihren Schminksachen greifen!)

- Der Test hilft Ihnen, entsprechend Ihrer Haut- und Haarfarbe sowie der Bräunungsfähigkeit Ihrer Haut eine Entscheidung zu treffen. Die Antworten auf die Fragen nach den Farbnuancen, die Ihnen besonders gut stehen (immer nach dem Motto: „Probieren Sie es aus") sagen Ihnen darüber hinaus grundsätzlich, ob Sie nur nach einer einzigen Skala mit warmen oder kalten Farben greifen sollten.
- Bei welchem der Farbtypen haben Sie die meisten (im Idealfall: alle) Kreuzchen gemacht? Deckt sich das Ergebnis mit Ihrer Vorentscheidung?

Der Frühlingstyp

- Ist Ihre Haut sehr zart, fast transparent?
- Hat Ihr Teint einen sanft hellgoldenen oder warmen pfirsichfarbenen Schimmer? (Wenn Sie Zweifel haben, vergleichen Sie Ihre Haut mit der anderer Frauen: Im Vergleich erkennen Sie am besten, daß viele Frauen einen bläulichen oder zart grauen Hautunterton haben.)
- Schießt Ihnen leicht die Röte ins Gesicht? Oder bekommen Sie, wenn Sie sich aufregen oder in Hektik geraten, schnell rote Flecken?
- Ist Ihre Gesichtshaut nicht gleichmäßig elfenbeinfarbig, sondern zeigt sie ein natürliches Wangenrouge in warmem Rosa?
- Sind Ihre Haare gelblich blond, flachsblond, goldblond oder zart rötlich – auf jeden Fall gelblich und nicht aschfarben?
- Ist Ihre Haarfarbe warmes Hellbraun oder Goldbraun?
- Waren Sie als Kind (im Vorschulalter) richtig goldblond?
- Falls Sie in Ihrem Haar rötliche Lichter erkennen: Ist der rötliche Glanz immer da, nicht nur, wenn die Sonne direkt darauf scheint?
- Wird Ihre Haut in der Sonne relativ schnell braun?
- Hat Ihre Sonnenbräune einen eher goldenen oder leicht rötlichen Schimmer? (Keinen grauen Schimmer oder einen Haselnußton!)
- Falls Sie Sommersprossen haben oder in der Sonne einige bekommen: Sind sie goldbraun? (Nicht graubraun!)

....

Probieren Sie es aus:

- Cremiges Weiß steht Ihnen besser als reines Weiß.
- Kamelhaarfarben und ein Gelbbraun stehen Ihnen besser als Graubraun.
- Lachsfarben steht Ihnen besser als Pink.
- Lachsfarben steht Ihnen auch besser als ein kräftiges Orange.
- Korallenrot steht Ihnen besser als das bläuliche Azaleenrot.

- Silbergrau steht Ihnen besser als Anthrazit.
- Brauntöne stehen Ihnen grundsätzlich besser als alle Grautöne.

Der Sommertyp

- Haben Sie manchmal das Gefühl, daß Ihre ungeschminkte Haut schlecht durchblutet ist, daß sie kühl und beinahe grau wirkt?
- Ist Ihr Teint im Vergleich zu dem anderer eher bläulich als golden? (Mit golden ist nicht gelblich gemeint!)
- Falls Sie keine sehr helle Haut haben, empfinden Sie Ihre Farbe als rosig oder Ihre Haut als gerötet?
- Vielleicht haben Sie das Gefühl, daß keine der vorhergehenden Fragen auf Sie zutrifft. Falls dem so ist: Geht Ihre Hauttönung vielleicht leicht ins Oliv? Neigen Sie zu bläulichen Schatten unter den Augen?
- Haben Ihre Haare einen deutlichen Aschton, auf jeden Fall keinen Gelbstich?
- Haben Sie schon mal festgestellt, daß Ihnen silberblonde Strähnchen besonders gut stehen (würden)?
- Haben Sie oft das Gefühl, daß Ihre Haarfarbe mausig wirkt und daß man daran was ändern sollte? Ist es so, daß Sie gern eine „interessantere" Haarfarbe hätten?
- Waren Sie als kleines Kind (im Vorschulalter) hellblond, oder waren Sie sogar richtig weißblond?
- Wenn Sie Urlaub in einem Land mit viel Sonne machen: Werden Sie nie so richtig braun wie viele andere?
- Ist Ihre Sonnenbräune nicht goldbraun, sondern im Vergleich mit anderen eher graubraun oder haselnußbraun?
- Falls Sie in der Sonne Sommersprossen bekommen: sind sie graubraun oder eher graurosa (aber nicht goldbraun)?

....

Probieren Sie es aus:

- Kühles Altrosé steht Ihnen besser als alle warmen Lachstöne (es läßt Sie rosiger erscheinen und nicht gelblich).
- Graublau (also alle verwaschenen, stumpferen Blautöne) steht Ihnen besser als ein leuchtendes, klares, intensives Blau.
- Sanftes Türkisgrün steht Ihnen besser als Maigrün, also als jegliches Gelbgrün.
- Taupe (also alle gedämpften Graubrauntöne) steht Ihnen besser als Rotbraun und Gelbbraun.
- Graubraune und sehr helle Schlammtöne stehen Ihnen besser als Kamelhaarfarbe oder Ziegelbraun.
- Bläuliches Fuchsiarot steht Ihnen wesentlich besser als Orangerot.
- Pink steht Ihnen besser als Apricot.

Der Herbsttyp

- Falls Sie einen hellen Teint haben: Ist Ihre Haut gleichmäßig hell elfenbeinfarbig, oder ist sie hell mit Sommersprossen?
- Haben Sie „farblose" Wimpern und Augenbrauen?
- Wirken Ihre Augenränder mit ganz bestimmten Augen-Make-up-Farben auf einmal wie entzündet?
- Falls Sie einen dunkleren Teint haben: Wirkt Ihre Haut intensiv rotgolden, wie die eines dunkleren Pfirsichs oder einer Aprikose?
- Sind Ihre Haare rot und zwar genauer: Sind sie kupferrot, karneolrot, rostrot oder warm kastanienrot (auf keinen Fall bläulich)?
- Falls Sie sich nicht als rot-, sondern als braunhaarig einschätzen: Haben Ihre Haare einen Honigton, relativ hell oder ziemlich dunkel, aber auf jeden Fall immer warm und goldfarben?

- Finden Sie in Ihrem Haar auf keinen Fall einen Aschton?
- Hatten Sie schon als Kind eine ganz ähnliche Haarfarbe wie heute – sie ist im Laufe der Zeit nur etwas nachgedunkelt?
- Falls Sie sehr hellhäutig sind: Bräunt Ihre Haut in der Sonne überhaupt nicht? Bekommen Sie leicht einen Sonnenbrand?
- Falls Sie einen dunkleren Teint haben: Wird er in der Sonne ohne große Sonnenbrandgefahr richtig schön Indianerrot?
- Falls Sie leicht Sommersprossen bekommen: Sind die Sommersprossen intensiv rötlich, rotgolden oder rotbraun?

....

Probieren Sie es aus:

- Senfgelb steht Ihnen besser als Butterblumengelb.
- Olivgrün steht Ihnen besser als Pfefferminzgrün.
- Orange steht Ihnen wesentlich besser als Pink.
- Brombeer steht Ihnen besser als jede Fliedernuance.
- Anthrazit steht Ihnen besser als Schokoladebraun.
- Tomatenrot steht Ihnen besser als das bläuliche Rot von Azaleen.
- Petrol (stumpfes Blaugrün) steht Ihnen besser als Enzianblau.

Der Wintertyp

- Falls Sie eine helle Haut haben: Wirkt sie durchscheinend bläulich und porzellanartig?
- Falls Sie einen dunkleren Teint haben: Ist Ihre Haut nicht goldbraun getönt, sondern hat sie eher einen kühlen, ins Oliv gehenden Unterton?
- Neigen Sie zu stark bläulich gefärbten Rändern unter den Augen?
- Empfinden Sie einen deutlichen bis starken Kontrast zwischen Ihrer Haar-, Haut- und Augenfarbe? (Sogar dann, wenn Sie blond sind?)
- Sind Ihre Haare schwarz oder gar blauschwarz?
- Sind Ihre Haare dunkelbraun, mittelbraun, aber immer aschig (bläulich, mit einem Silberschimmer, nie golden)?
- Falls Sie blond sind: Paßt keine der bisherigen Beschreibungen zu Ihrer Haarfarbe? Die Erläuterung der typischen Hautfarbe eines Wintertyps dagegen paßt genau, und auch die starken Kontraste treffen zu?
- Haben Sie bei sich schon relativ früh (Sie finden, zu früh) ein paar schneeweiße Haare entdeckt?
- Falls Sie einen sehr hellen Teint haben: Werden Sie in der Sonne überhaupt nicht braun, oder bekommen Sie nur eine sanfte Andeutung von Sonnenbräune?
- Falls Sie einen dunklen Teint haben: Bekommen Sie die tiefste Bräune, um die Sie alle anderen beneiden?
- Vielleicht gehören Sie zu den Wintertypen, die Sommersprossen bekommen: Sind Ihre Sommersprossen dann sehr grau (nie goldbraun)?

....

Probieren Sie es aus:

- In Schwarz blühen Sie auf, braune Kleidung läßt Sie traurig erscheinen.
- Klares Pink steht Ihnen besser als müdes Altrosé.
- Tannengrün steht Ihnen besser als jedes Olivgrün, Natogrün oder Khaki.
- Jedes klare Rot steht Ihnen besser als Rost oder Kupfer.
- Leuchtendes Enzianblau steht Ihnen besser als stumpfes Taubenblau.
- Reines Schneeweiß steht Ihnen besser als Sahneweiß.
- Hartes Marineblau steht Ihnen besser als weiches Rauchblau.

Die ganz persönliche Note

DIE KLEIDER-FARBEN

Sie werden bald etwas Eigenartiges feststellen: Wenn man erst einmal „seine“ Farben genau kennt, fühlt man sich in Kleidung mit anderen Farben nicht mehr wohl. Man trennt sich sogar gern von Sachen, die man eigentlich nie hergeben wollte und ist plötzlich immun gegen die Argumente vieler Verkäuferinnen, die oft nur sehen, was gerade Mode ist. Wie man selbst modisch gekleidet sein kann, ohne auszusehen wie alle, das steht in diesem Kapitel.

Auf den richtigen Farbton kommt es an

Nachdem Sie Ihren Typ bestimmt haben, wissen Sie jetzt auch, welche Farben Ihnen gut stehen, und vor welchen Sie sich besser in Acht nehmen sollten. Betrachten Sie doch noch einmal in Ruhe die Karte mit den Farben Ihres Jahreszeittyps: Es ist ziemlich sicher, daß Sie die Harmonie der Farbabstufungen als anziehend, ja ihre Wirkung sogar als gemütsverwandt empfinden!

Aber höchstwahrscheinlich werden auch ein paar Farbtöne dabei sein – vielleicht zu kräftige oder aber zu lasche –, die Sie auf keinen Fall tragen möchten. Müssen Sie auch nicht! Trotzdem lohnt es sich, mit den Farben, die Sie (noch) ablehnen, ein Experiment zu riskieren. Falls Sie zum Beispiel ein T-Shirt in solch einer Farbe entdecken, investieren Sie die paar Mark – vielleicht steht Ihnen ja gerade diese Farbe ausgezeichnet, Sie wußten es nur noch nicht!

Wenn Sie jetzt den Inhalt Ihres Kleiderschranks durchforsten, werden Sie sicher feststellen, daß Sie sich schon einen Teil Ihrer Kleidung instinktiv in den für Sie richtigen Farben gekauft haben. Falls Sie Zeit haben und es übers Herz bringen: Sortieren Sie bei der Gelegenheit gleich rigoros die Teile mit den für Sie ganz unpassenden Farben aus! Sie werden ab jetzt sowieso nicht mehr viel Freude daran haben. Vielleicht bringen Sie sie in einen Second-hand-Shop oder tauschen mit einer Freundin?

Sie sollten nicht alle Sachen in den „falschen" Farben gleich aussortieren – manches läßt sich retten.

Manche Stücke, an denen Sie sehr hängen, können Sie vielleicht auch färben. Dabei werden Sie zwar nicht immer exakt einen Farbton aus Ihrer Skala treffen, aber Sie werden auch nicht direkt danebenliegen. Oft genügt es, wenn zum Beispiel Sommer- und Wintertypen all Ihre gelblichen oder lachsfarbenen Blusen mit einem kühlen Blau überfärben und Frühlings- und Herbsttypen dementsprechend kühlen, hellen Kleidungsstücken einen warmen gelblichen Ton einfärben, je nach Typ pastellig oder intensiv. Wenn Sie mehrere Teile zusammen in der Waschmaschine färben, bekommen Sie je nach Stoffart unterschiedliche Ergebnisse – aber Sie werden sehen, die Farbtöne harmonieren.

Bei Röcken und bei Hosen (also allem, was weiter vom Gesicht entfernt getragen wird), brauchen Sie natürlich nicht so gnadenlos auszusortieren. Diese Kleidungsstücke werden Sie sicher, ganz neu kombiniert, weiterhin tragen können. Sie müssen selbstverständlich nicht stur und dogmatisch vorgehen – kein Mensch verlangt von Ihnen, daß Sie sich Ihre bisherigen Lieblingsstücke vom Herzen und aus dem Kleiderschrank reißen! Tragen Sie sie ruhig weiter, solange Sie sich darin wohlfühlen. Aber Sie werden sehen, gerade das ist das Heimtückische und gleichzeitig Verführerische: Wenn Sie sich erst einmal mit „Ihren" Farben beschäftigen, gefallen Sie sich selbst bald nicht mehr in Kleidung mit anderen Farben. Und Ihre Phantasie wird so in Gang gesetzt: Welche Bluse, welches Tuch gibt zum Beispiel dem bisherigen Lieblingspulli einen ganz neuen Touch?

Wer seine Farben kennt, stellt bald fest: Das Einkaufen ist jetzt viel unkomplizierter.

Eine Erleichterung werden Sie bald beim Einkaufen erleben. Nach einiger Zeit werden Sie Kleidungsstücke in den nicht zu Ihnen passenden Farbtönen automatisch nicht mehr in die engere Auswahl ziehen. Sie wissen ja, das steht Ihnen nicht besonders gut – auch wenn die Verkäuferin argumentiert, dies sei besonders modisch, und Sie könnten es durchaus tragen. Was Sie übrigens beim Einkaufen nicht vergessen sollten:

- Stecken Sie Ihre Farbkarte in die Handtasche. Vergleichen Sie das in Frage kommende Kleidungsstück damit aber nur bei Tageslicht, also vor der Tür des Geschäftes! In den meisten Boutiquen ist ein zwar schmeichelndes, aber so diffuses Licht, daß man kaum eine Farbe exakt so sieht, wie sie wirklich ist. Und in manchen Umkleidekabinen ist das Neonlicht zwar gnadenlos hell, aber es wirkt ebenso farbverfälschend.
- Seien Sie bitte nicht enttäuscht, wenn Sie nicht genau die Farbnuancen finden, die auf den Karten abgebildet sind. Das ist schier unmöglich, denn Textilfarben haben immer eine andere Anmutung als Farben auf Papier. Und jede Stoffart läßt eine Farbe anders wirken. Versuchen Sie bitte einmal, sich ein und denselben Blauton in Seide, in Leinen, in Leder, in Samt und in Tweed vorzustellen: Mal ist das Blau intensiv leuchtend, mal stumpfer, mal gedämpfter...
Wichtig ist nur, daß der Farbton, den Sie sich ausgewählt haben, mit den Farben auf Ihrer Karte harmoniert, daß sich also zum Beispiel das Blau des Kleidungsstücks in die Gruppe der Blautöne auf Ihrer Karte einfügt und sich nicht damit beißt! Daß es also eine kühle oder aber eine deutlich warme Farbe ist. Und daß es sich im Helligkeitsgrad nicht allzusehr von den Farben auf der Karte unterscheidet.
- Manchmal ist es gar nicht so einfach herauszufinden, ob eine Farbe nun wirklich kalt oder warm ist. Da scheint eine Bluse in gedämpftem Rot zum Beispiel eine typische kühle Sommerfarbe zu haben – und dann kommen einem Zweifel: Ist das vielleicht doch eher ein sanftes (und warmes) Frühlingsrot?
In einem solchen Grenzfall hilft nur eines: Vergleichen Sie die Bluse (bei Tageslicht!) mit anderen Stücken in Rottönen, die Sie in dem Geschäft finden, denn erst im direkten Vergleich zeigen viele Nuancen deutlich ihre Wirkung!
- Es ist durchaus möglich, daß Ihnen auch einige Farben aus einer anderen Farbskala als der Ihren sehr gut stehen. Daß Sie zum Beispiel als Sommertyp auch das Dunkelblau des Winters tragen können, oder als Frühlingstyp den Lachston, der eigentlich in die Skala des Herbsttyps gehört. Das wissen Sie inzwischen, oder Sie werden es noch herausfinden. Wenn Sie ein solcher „Mischtyp" sind und diese Farben sehr gern mögen – tragen Sie sie!
Was Sie aber auf keinen Fall tun sollten: Als Typ, dem eher kühle Farben stehen (Sommer- und Wintertyp), sollten Sie nie eine Farbe aus einer Skala mit warmen Farben ausleihen. Oder als Frau, zu der nur warme Farben so richtig gut passen (Frühlings- und Herbsttyp), zu einer kühlen Farbe greifen.
Nach der ersten Begeisterung würden Sie nicht mehr viel Freude daran haben: Nicht nur, daß Sie darin weniger gut aussehen, wie Sie aussehen könnten, so ein Stück würde auch nicht mehr zu Ihren übrigen Sachen passen.

Die schönsten Farben für den Frühlingstyp

Hell und klar sind die idealen Farben für den Frühlingstyp, manche sind zart, manche leuchten intensiver. Mauscheltöne fehlen – sie lassen den Frühlingstyp fade aussehen. Dies trifft auch auf allzu starke und dunkle Nuancen zu – sie erschlagen den feinen Teint. Trotzdem können Frühlingstypen in den zu ihnen passenden Abstufungen die ganze Palette der Farben tragen. Maigrün, Apfelgrün, Lindgrün zum Beispiel – jedes Grün, das sonnendurchflutet wirkt. Und warmes, volles Gelb natürlich. Gelblich getönt und zart sind auch alle Rosa- und Rottöne, die dem Frühlingstyp gut stehen, zum Beispiel Pfirsich, Apricot, Lachs und das warme Korallenrot. Pink dagegen läßt Frauen dieses Typs blaß wirken, das bläuliche Rot des Sommers läßt sie fahl und langweilig aussehen. Frühlingstypen mit einem cremig sanften oder leicht gebräunten Teint wirken sehr edel in Wollweiß, in goldenen Kamelhaartönen und dem weichen Braun von Milchschokolade – Bluse und Blazer feinst Ton in Ton aufeinander abgestimmt und zu Haaren und Haut passend. Da die Haut von Frühlingstypen meist leicht und golden bräunt, machen viele leider einen fatalen Fehler: Sie betonen ihre Sonnenbräune mit reinweißer Kleidung. Gerade das aber läßt sie nicht knackig braun, sondern pergamentartig wirken und um Jahre älter erscheinen. Warmes Braun zum Beispiel, Goldbeige oder – wenn's ein Kontrast sein soll – klares Aquamarinblau oder sanftes helles Türkis läßt ihre Bräune viel besser zur Geltung kommen, und es wirkt insgesamt harmonischer. Sahniges Cremeweiß, Eierschalenfarbe passen viel besser zum Teint der Frühlingstypen als hartes, kaltes, unverfälschtes Weiß. Schwarz ist für sie tabu (außer natürlich, wenn es um kleine Accessoires geht, die eine andere Farbe erst zum Leuchten bringen). Die dunkelsten Farben, die Frühlingstypen gut stehen, sind: relativ helles Marineblau, sanftes Violett und warmes Schokoladebraun. Und falls ein Frühlingstyp unbedingt Grau tragen möchte: Ein zartes Silbergrau steht ihm vorzüglich – jedem anderen Grauton sollte er besser aus dem Weg gehen!

Foto links: Eine Skala lichter und klarer Töne steht dem Frühlingstyp zur Auswahl – vor Mauscheltönen sollte er sich hüten. Drei Farben bieten sich besonders an, wenn es darum geht, eine Grundgarderobe aufzubauen (die herausragenden Farbstreifen): helle graublaue Töne, Apricot in allen Abstufungen und sanfte Kamelhaarfarben

Grundfarbe Graublau

Hellblau mit einem Stich Grau ist eine relativ neutrale Farbe, die dem Frühlingstyp fantastisch steht. Als Grundfarbe für die Garderobe ist dieses sanfte Blau schon deshalb gut geeignet, weil es sich leicht und abwechslungsreich kombinieren läßt. Zum Beispiel, wie links zu sehen, mit: Ocker, Weiß und Braun; Braun und Beige; dreierlei Violettnuancen; Violett und Rosenholz; Hummerrot, Türkis und Weiß; Silbergrau, Königsblau und einem Tupfer Gelb; Maigrün und Weiß. Alle anderen Farben der Frühlingsfarbskala passen natürlich ebenfalls sehr gut!

Foto rechts: Die ideale Kombination zweier Grundgarderobefarben, die zu Frühlingstypen passen: das Kostüm in Hellblau, der Mantel in Kamelhaarfarben. Schön dazu: Das schimmernde Weiß der Bluse

Grundfarbe Apricot

Apricot als Grundfarbe – das ist ungewöhnlich. Nur Frühlingstypen können sich diese Extravaganz leisten – und sollten es deshalb auch gelegentlich tun! Wer Apricot nicht zur Grundfarbe machen will, kann es als dominante Zweitfarbe einsetzen (siehe rechtes Foto). Links eine Reihe von Farbkombinationen, die Apricot brillant zur Geltung bringen: Kamelhaarfarben und Braun; Hellbraun, Beige und ein Tupfer Rosenholz; helles und dunkles Violett; Graublau, Königsblau und Ocker; Himmelblau (pur); Weiß, Silbergrau und Grün; Rot und Weiß; außerdem alle anderen Nuancen der Frühlingsskala.

Foto rechts: Apricot als dominante Kombinationsfarbe. Seine Frische wird durch matte Kamelhaarfarbe gedämpft und erlaubt damit sogar das sonst nicht passende Schwarz

Grundfarbe Kamelhaar

Helle, sanfte Kamelhaarfarben lassen andere Frauen langweilig aussehen, dem Frühlingstyp aber schmeicheln sie. Kamelhaarfarben in fast allen Schattierungen, in leicht grünlichen Nuancen, in goldenen und in hellbraunen, sind ideal für seine Grundgarderobe. Als Kombinationsfarben passen prinzipiell alle Farben aus der Frühlingsfarbskala, besonders gut aber die links abgebildeten Farbkombinationen: Graublau und Violett, Königsblau, Beigebraun und Flieder; Braun und Ocker; Gelb, Rot und Weiß; Weiß und Grün; Maigrün und Hummerrot; Hummerrot, Himmelblau und Rot.

Foto rechts: Der Cape-Mantel in der Frühlingsgrundfarbe Kamelhaar, hier mit einer grünlichen Nuance, kombiniert mit den Frühlingsfarben Himmelblau und Violett (im Rock)

Die besten Farben für den Sommertyp

Verabschieden Sie sich von allen grellen Farben! Wahrscheinlich haben Sie instinktiv schon gewußt, daß ein Bikini in Neongrün, Knatschblau oder Tomatenrot zwar modisch attraktiv aussehen kann, daß Sie selbst darin aber gar nicht anziehend wirken, und die Farben sogar Ihrer Karibikbräune einen ältlich wirkenden Lilastich geben! Wirklich gut sehen Sommertypen nur in sanften, aristokratisch wirkenden Farbtönen aus. Schauen Sie sich Ihre Farbskala an: Fast alle Farbtöne wirken, als seien sie sanft mit einem Grau, einem pudrigen Rosa oder einem verwaschenen Blau vermischt, also allen Nuancen, die mit dem bläulichen Unterton der Haut und dem silbrig aschigen Haarton der Sommertypen harmonieren. Was andere kraftlos erscheinen läßt, belebt Frauen dieses Typs: Nahezu alle Pastelltöne stehen Ihnen, sofern sie einen sanften bläulichen oder grauen Unterton haben. Kein gelbliches Lachsrosa, Apricot oder Pfirsich! Pink hingegen können Sommertypen vorzüglich tragen, heller oder frischer, je nachdem, ob sie blaß sind oder eine intensivere Hautfarbe haben. Sie glauben, Rot steht Ihnen nicht? Stellen Sie sich einen Obststand vor: Das Rot von Tomaten scheidet aus, es ist zu gelblich; Himbeerrot dagegen, ein leicht bläuliches Rot, ist im Ton genau richtig für Sie. Die Farbe des Inneren von Wassermelonen ist ein Farbton, der wie für Sie geschaffen ist! Karottenrot sollten Sie auf jeden Fall meiden, aber dafür zum vollen (bläulichen) Rot reifer Kirschen greifen. Falls Ihnen dunkles Rot gefällt: Weinrot ist die richtige Farbe für Sie. Jedes rauchige Blau steht Ihnen gut (Sie sind der Typ für verwaschenes Jeansblau!) sowie jedes bläuliche Grün von hellem Türkis bis hin zu ziemlich dunklen Tönen. Aber seien Sie vorsichtig mit Gelb! Eigentlich sollten Sie sich nur ein einziges, ganz zartes, kühles Zitronengelb erlauben. Ungebrochenes Weiß und Schwarz können sich Sommertypen nur in Ausnahmen leisten – harmonischer wirkt bei den meisten rosig kühles oder sanft grau getöntes Weiß, und als dunkelste Farben kommen ein rauchiges Marineblau oder ein Braun mit einem rosigen oder grauen Stich in Frage.

Foto links: Wunderschön kühl und wolkig verhangen wirkt die Farbskala für die Sommertypen; kein greller Ton ist darauf zu finden, dafür viele rauchige Pastellnuancen. Drei Farbvorschläge für die Grundgarderobe (die Farben der verlängerten Streifen): gedämpfte Blautöne, kühle, mehr graugrundige Brauntöne und Alt- bis Fliederrosa

Grundfarbe Dunkelblau

Gedämpftes Blau (nie leuchtendes, schrilles!) ist für Sommertypen immer richtig und eine ideale Farbe für die Grundgarderobe. Es kann, ganz nach Vorliebe, stumpfes Jeansblau sein, rauchiges Marineblau oder ins Rötliche spielendes Pflaumenblau. Jeder dieser Blautöne läßt sich effektvoll mit den links abgebildeten Farbkombinationen beleben: mit bläulichem Sommerrot (pur); mit Grün, Weiß und einem Tupfer Rot; mit Grau, Hellrosa und Braun; mit Rosa und Blaugrün; mit Jeansblau, Rot und Weiß; mit Vanillegelb und Hellblau; mit dunklem Braun, Lila und Vanillegelb.

Foto rechts: Dunkelblau, eventuell mit einem leichten Rotstich als Grundgarderobenfarbe für den Sommertyp. Schön dazu: das typische, leicht ins Bläuliche spielende Sommerrot

Grundfarbe Braun

Sommertypen können sehr gut Braun tragen – ein besonderes Braun: nicht warm wie bei Herbst- und Frühlingstypen, sondern mit einem Stich Grau versehen oder, noch besser, leicht ins Rötlich-Blaue spielend. Bitterschokoladebraun könnte man sagen ... Zu diesem Braun passen die verhangenen Farben der Sommerfarbskala ausgezeichnet. Sie werden sogar dringend gebraucht, weil Braun sonst leicht tot wirkt. Links die besten Farben zum Beleben: Jeansblau; Rauchblau mit Hellgrün und Weiß; dunkles mit hellem Smaragd; Grau mit Weiß und Rot; Taupe mit Rosa; Lila mit Altrosa; Gelb mit Violett.

Foto rechts:
Braun als Grundfarbe für den Sommertyp kann sehr edel aussehen, verlangt aber nach zumindest einer kräftigen Zweitfarbe. Hier: zwei Jeansblaunuancen

Grundfarbe Fliederrosa

Ein weiches, graues Fliederrosa kann durchaus eine Grundfarbe für den Sommertyp sein, denn es schmeichelt den meisten. Sommertypen, denen Fliederrosa für Mäntel, Kleider und Kostüme zu lieblich ist, können zumindest das eine oder andere wichtige Kleidungsstück in dieser für sie optimalen Farbe tragen. Aber: Fliederrosa braucht eine oder mehrere Kombinationsfarben.
Links einige Vorschläge: Lavendel (pur); Dunkelblau mit Pink; Sommerrot mit Dunkelbraun; Braun mit Hellbraun und einem Tupfer Dunkelblau; Mittelbraun mit Wollweiß; Silbergrau mit Gelb und Jeansblau; dunkles und helles Smaragd mit Rauchblau.

Foto rechts: Fliederrosa als Farbe für die Grundgarderobe des Sommertyps, farblich gestützt und belebt durch dunkles Lavendel

Warme Farben für den Herbsttyp

In den Herbstfarben kann man schwelgen: Alle sind warm, die meisten erdig und wie mit Gold überhaucht, andere wiederum sind klar und voll. Je nachdem, ob Herbsttypen eher eine helle, elfenbeinfarbene Haut oder aber einen lebhafteren pfirsichfarbenen Teint haben, können sie aus ihrer Skala zarte oder kraftvolle Farben wählen. Ideal für alle Herbsttypen sind warme Brauntöne – vom hellen Champagner- und Goldbeige über warmes, volles Rost bis hin zum dunkelsten Schokoladebraun. Alle goldenen oder warmen rötlichen Braunnuancen sehen an Herbsttypen hinreißend aus und bringen ihre Haut zum Strahlen. Hüten müssen sie sich dagegen vor dem kühlen Graubraun des Sommers – es läßt sie blutleer und fahl wirken. Auch das relativ lebhafte Blaugrün des Sommers (von dem sich leider gerade manche Herbsttypen angezogen fühlen) sollte für sie tabu sein; statt lebendig, läßt es sie eher schrill erscheinen. Dabei hat gerade der Herbsttyp eine große Auswahl an Grüntönen, in denen er ganz besonders attraktiv wirkt und eine harmonische Ausstrahlung hat: vom sonnigen Erbsengrün über Oliv, helles und kräftiges Khaki bis hin zu Petrol, Russischgrün und dunklem Tannengrün. Obwohl sie leicht bläulich sind, passen zum Herbsttyp auch edles, milchiges Jadegrün, sattes, dunkleres Türkis und natürlich alle rötlichen Blautöne, von Pflaumenblau bis Blauviolett. Herbsttypen sind die einzigen, die in einem vollen, leuchtenden Orange richtig gut aussehen. Dafür sollten sie auf jeden Fall allen Pinktönen aus dem Weg gehen!

Rosa- und Rotabstufungen, die zum Herbsttyp passen, sind immer warme Töne, zum Beispiel Lachs- und Aprikosenrosa, Mohnblumenrot, Tomatenrot und Kupferrot. Auch so „heikle" Farben wie Senfgelb und das etwas ins Rötliche gehende Maisgelb scheinen ausschließlich für Herbsttypen erfunden zu sein – sie blühen darin auf, während es fast alle anderen kränklich gelb aussehen läßt. Falls Sie ein Herbsttyp sind: Machen Sie lieber einen Bogen um Schwarz und reines Weiß – dunkles Schokobraun und ein gebrochenes Weiß stehen Ihnen viel besser.

**Foto links:
Khakitöne, bläulichgrünes und doch warmes Petrol sowie rötliches Braun und Goldrost sind ideale Farben für die Grundgarderobe von Herbsttypen (siehe dazu die verlängerten Farbstreifen ganz links im Bild). Sie passen zu allen Tönen der warmen, wie mit Gold überhauchten Farbskala**

Grundfarbe Petrol

Herbsttypen mit der Lieblingsfarbe Blau finden in der Blaunuance Petrol eine ausgefallene und höchst attraktive Farbe für ihre Grundgarderobe. Vor allem zu rötlichem Haar sieht das grünliche Blau raffiniert aus. Petrol ist keine bescheidene Farbe und sollte deshalb mit Lebhaftem kombiniert werden. Zum Beispiel – siehe links – mit frechem Orange; mit Braun und Pfirsichfarben; mit Rostrot und Schilfgrün; mit Khaki und Messing; mit Wollweiß, Brombeerrot und einem Tupfer Braun; mit Hellbraun und Tomatenrot; mit Messing und Pflaumenblau und allen anderen Nuancen aus der Herbstskala.

Foto rechts: Petrol ist als Grundgarderobefarbe für Herbsttypen sehr viel attraktiver als das übliche Marineblau. Es verlangt allerdings nach kräftigen Kombinationsfarben wie Orange und Gelb

Grundfarbe Khaki

Die vielen stumpfen Nuancen zwischen Grün und Braun, im Sammelbegriff „Khaki" genannt, eignen sich bestens als Grundgarderobefarbe(n) für den Herbsttyp. Khaki tritt als Farbe eher zurück und bringt dafür den Teint und alle Kombinationsfarben zum Leuchten. Links eine Reihe von Tönen aus der Herbstskala, die Khaki optimal herausputzen: Tomatenrot und Messing; Hummerrot und Wollweiß; Brombeerrot, Pflaumenblau und ein Tupfer Goldgelb; Goldgelb und Petrol; Rost, Schilfgrün und Pfirsichfarben; Pfirsichfarben, Blauviolett und Rot; Rot, Braun und wenig Wollweiß.

Foto rechts: Khaki, ob dunkel wie bei dem Pullover oder sehr hell wie bei der Hose, ist eine gute Grundgarderobefarbe für Herbsttypen. Es verträgt (und verlangt!) kräftige Kombinationsfarben wie Orange, Goldgelb und Rot

Grundfarbe Rostbraun

Rostbraun ist die Farbe, die den meisten Herbsttypen am besten steht. Es harmoniert mit den honigfarbenen Haaren; es paßt zu hellem elfenbeinfarbenem Teint genausogut wie zu eher pfirsichfarbenem. Und es läßt sich mit vielen anderen Herbstfarben wunderschön kombinieren. Links einige Beispiele: Pflaumenblau mit Braun; Blauviolett mit viel Orange und wenig Wollweiß; Kamelhaarfarben mit Schilfgrün; dunkles und helles Petrol mit Pfirsichfarben; Tannengrün mit Moosgrün; Rot mit Gelb und wenig Wollweiß; Braun mit Brombeerrot. Auch hier stammen alle Nuancen aus der Herbstskala.

Foto rechts: Rostbraun ist eine Grundgarderobefarbe, nach der viele Herbsttypen ganz instinktiv greifen. Das dunkle Rostrot blüht auf durch die Kombination mit leuchtendem Rostrot und sattem Violett

Kontraste für den Wintertyp

Betrachten Sie bitte einige Augenblicke lang die Farbskala links – ihre Farben sind die klarsten und kühlsten von allen. Kühl und klar wie die natürlichen Farben der Wintertypen. Wovor sich andere hüten sollten, gerät den Wintertypen zum Vorteil: Schneeweiß zum Beispiel und tiefes Schwarz stehen ihnen ausgesprochen gut. Ihr Typ lebt von Kontrasten – zwischen Haut- und Haarfarbe sowie zwischen der Iris und dem Augenweiß. Und gerade diese klaren und oft kühl wirkenden Farbkontraste unterstreichen viele Wintertypen durch ihre Kleidung instinktiv richtig. (Leider haben aber auch viele lebenslang eine fatale Neigung zu warmen, erdigen Herbstfarben, vor allem, wenn sie sich, mit schwarzbraunen Haaren und Augen sowie einer oliv getönten Haut, falsch einschätzen. Solche Farben lassen die Haut eines Wintertyps gelblich wirken!) Intensives Rubinrot und Scharlachrot (kein Tomatenrot!) kommen der Kontrastfreudigkeit des Wintertyps entgegen. Alle kräftigen Pink- und Azaleentöne passen zu ihm sowie kühles Lila und dunkles Violett. Wenn ein Wintertyp Grün liebt, sollte er zu deutlichen, ausgeprägten Grüntönen greifen, nie zu verwaschenen, milchigen oder gelblichen. Und wenn's denn schon unbedingt ein Braunton sein muß, dann bitte nur den dunkelsten und kühlsten (den von bitterer Schokolade)! Das kräftigste Blau – Knatschblau, Enzianblau, Karibikblau, oder wie immer man es auch nennen mag – ist für Wintertypen gerade richtig, alle anderen Typen erschlägt dieser Ton.

Und noch ein Wort zu den helleren Farben: Falls Sie kein dramatischer, sondern ein eher zarter Wintertyp sind, mit einer unstillbaren Liebe zu Pastelltönen – greifen Sie zu! In Ihrer Skala gibt es jede Menge Pastellnuancen, aber alle, von Grau über Rosé bis hin zu Weißgelb, sind eisklar, sehr eindeutig und wirklich sehr hell.

Foto links: Zu Wintertypen paßt Schwarz (und zwar nicht nur, wenn's gerade modern ist). Schwarz oder dunkles Anthrazit ist deshalb auch eine ideale Grundfarbe für die Garderobe. Was außerdem toll aussieht, ist ein aufregendes Kirschrot. Wer es konventioneller mag: Nachtblau und Marineblau sind als Basisfarbe für die Garderobe des Wintertyps immer richtig (siehe dazu auch die längeren Farbstreifen)

Grundfarbe Schwarz

Schwarz ist die ideale Farbe für die Grundgarderobe des Wintertyps. Er ist der einzige, dem Schwarz – ganz gleich, ob solo oder in Kombination mit anderen Farben – wirklich gut steht. Zudem verstärkt Schwarz die Farbwirkung aller anderen Winterfarben – und auch das verträgt der Wintertyp blendend. Links eine Reihe von Farbkombinationen, die Schwarz schmücken und wiederum selbst von Schwarz effektvoll gestützt werden: Pink (pur); Gelb mit Grau und Rot; Eisgelb mit Rosa; Lila mit Eislila und Eisgelb; Indigo mit Orange und Grau; Flaschengrün mit Azur; Eisgrün mit Jadegrün.

Foto rechts: Schwarz ist die Basisfarbe für die Garderobe der Wintertypen schlechthin – vor allem am Abend. Besonders effektvoll als Kombinationsfarbe ist leuchtendes Pink

Grundfarbe Nachtblau

Nachtblau ist als Grundfarbe für die Garderobe des Wintertyps ideal, weil es ihm blendend steht und in Kombination mit fast allen anderen (Winter-) Farben unglaublich effektvoll ist. Links zur Anregung einige Beispiele für Farbkombinationen zu Nachtblau: Das Trio Rot-Weiß-Grün (das auch das Styling rechts im Bild bestimmt), Pink mit Tannengrün, der Klassiker Rot-Weiß, ein dunkles und ein helles Lila mit einem Tupfer Gelb, edles Eisrosa mit Dunkelbraun und Silbergrau, frisches Maigrün mit Smaragd, aber auch Silbergrau mit kräftigem Gelb und einem Tupfer eisigem Rosa.

Foto rechts: Ein Blazer in der Grundfarbe Nachtblau, zeitlos, sportlich kombiniert mit Weiß, marineblauen Streifen und einem rot-grünen Blickfang am Gürtel

Grundfarbe Rot

Knalliges Rot als Grundgarderobefarbe – das können sich nur Wintertypen leisten, weil sie mit den Hell-Dunkel-Kontrasten ihres Typs optisch dagegenhalten. Die zarten natürlichen Farben der Frühlings- und Sommertypen werden von großen roten Flächen leicht erschlagen, Herbsttypen laufen Gefahr, in Rot billig auszusehen. Nur der Wintertyp kann farblich so auftrumpfen – und noch kräftig zulegen (siehe links)! Beispielsweise mit Grün; mit Grau, Schwarz und Eisblau; mit Lila und Rosa; mit Weiß, Gelb und Lila; mit Schwarz und Silbergrau; mit Azur, Dunkelblau und Eisgelb; mit Schwarzbraun und Sandfarben.

Foto rechts: Leuchtendes Rot ist als Grundgarderobefarbe sehr ausgefallen und ganz für Wintertypen reserviert. Eine kräftige Kontrastfarbe, hier Grün, ist bei Rot immer wichtig

Noch ein Wort zu Weiß ...

Sind Sie davon überzeugt, daß Ihnen Weiß gut steht – oder glauben Sie, im Gegenteil, daß Sie Weiß überhaupt nicht tragen können? So einfach ist die Entscheidung nicht, denn Weiß ist ein Sonderfall.
Es gibt immens viele Weißnuancen: Das Weiß von Porzellan zum Beispiel ist anders als das von Emaille, und das Weiß einer Lilie ist anders als das einer Rose. Selbst so geläufige Bezeichnungen, wie „Blütenweiß", werden bei näherer Betrachtung unklar – welche Blüte ist gemeint? Haben Salz, gebleichtes Mehl und polierter Reis das gleiche Weiß? Selbst wenn wir sagen „weiß wie Schnee" ist das letztlich nicht eindeutig: Der Schnee nach einer frostigen Nacht hat eine andere Farbe als der stumpfe, frisch gefallene; der schon mal angetaute und wieder gefrorene sieht ganz anders aus als der, der kurz vorm Schmelzen steht. Ist ein weißer Sandstrand wirklich weiß?
Weiß ist ein Phänomen und steckt voller Symbolik. Es steht für die Unschuld, das Reine und Unbeschriebene ebenso wie für das Vollkommene und Lichte. Die Kleidung des Papstes ist weiß, aber auch sterile Krankenzimmer sind in Weiß gehalten. Brautkleider sind weiß, Ärzte und Laboranten tragen Weiß ... Weiß gilt als sichtbar „sauber". Kein Wunder, daß viele Frauen ein Faible für weiße Blusen haben – schließlich signalisiert Weiß auch das, was Werbeschlagworte als „appetitlich frisch" und „sauber und nicht nur rein" bezeichnen. Weiß, so das Vorurteil, läßt alles einfach freundlicher, heller und appetitlich erscheinen.
Weiße Kleidung kann aber, ganz im Gegenteil, auch härter, langweiliger oder sogar schmuddelig erscheinen lassen. Es kommt nur darauf an, wer welches Weiß trägt.

Von Weiß gibt es zahllose Nuancen – wichtig ist die Unterscheidung von kalten und warmen Tönen.

Unter den zahllosen Weißnuancen (und den vielen verschiedenen Bezeichnungen dafür) unterscheidet man, wie bei allen Farben, zwei große Gruppen voneinander: die kalten und die warmen Weißtöne. Kalt wirkt zum Beispiel Reinweiß, wie man es ungetrübt bei einzelnen Papiersorten oder Kalkanstrichen findet, auch Milchweiß, Kittweiß und das noch saubere Weiß frisch gefallenen Schnees. Kalt wirkt auch das Weiß, das einen leichten Graustich hat sowie das bläulich schimmernde Weiß von Porzellan.
Zu den warmen Weißtönen gehören Wollweiß und Cremeweiß sowie das ganz leicht gelbliche Sahneweiß und die sanften, gebrochenen Nuancen von Eierschale und Elfenbein.
Wenn Sie sich nicht gleich entscheiden können, ob ein Weißton eher in die Gruppe der kühleren Nuancen oder in die der weichen, wärmeren gehört, legen Sie ein Blatt Schreibmaschinenpapier daneben – wirkt die Textilie jetzt wärmer und gelblicher? Oder nur etwas grauer, aber genauso kühl?
Wer einen Blick für die Ausstrahlung der Weißtöne hat, tut sich leichter, das für ihn richtige Weiß zu bestimmen. Es gibt natürlich auch einige Faustregeln dafür:

- Daß die Jahreszeittypen, denen kühlere Farben am besten stehen (Sommer- und Wintertyp), generell nur ein kaltes Weiß und die Jahreszeittypen, zu denen die warmen Farben passen (Frühlings- und Herbsttyp), nur warme Töne tragen sollten, ist klar.
- Wichtig ist aber auch, auf die körpereigenen Kontraste zu achten: Wer einen sehr hellen Teint, helle Augen und helle Haare hat, sieht in Weiß manchmal langweilig und noch blasser aus – egal, ob das Weiß warm oder kühl ist. Hier sind Pastellfarben meist günstiger.
- Wer sehr schnell knackig braun wird (manche Früh-

lingstypen zum Beispiel) oder von Natur aus einen bräunlichen Teint hat (wie manche Herbsttypen) neigt häufig dazu, diese Bräune durch ein strahlendes, kühles Weiß herauszustellen – und erreicht einen gegenteiligen Effekt: Die Haut wirkt ledern, schwärzlich verbrannt und nicht so richtig schön goldbraun wie erwartet.

■ Wer unsicher ist: Wollweiß ist der einzige Weißton, den eigentlich jede Frau gut tragen kann. Wollweiß ist ein weicher, nur leicht gebrochener Weißton, der eher warm wirkt, aber trotzdem nicht gelblich ist. Da er fast in jedem Winter Mode ist, wird er im Modejargon auch Winterweiß genannt (was nichts mit dem Wintertyp zu tun hat).

■ Probieren Sie aus, welches Weiß am besten zu Ihnen paßt. Generell gilt: Nur zum Wintertyp paßt reines, kühles Weiß; Frühlingstypen sehen in Wollweiß am besten aus; mit dem Teint des Sommertyps harmoniert ein bläulich kühles Milchweiß; und der Herbsttyp kann am besten ein leicht gelbliches, warmes Cremeweiß tragen.

. . . und zum Thema Muster

Ob Pulli, Kleid oder Hose, fast jede Frau hat nicht nur unifarbene, sondern auch ein paar gemusterte Sachen im Schrank. Oder sie hat ein gemustertes Stück gesehen, mit dessen Kauf sie liebäugelt. Muster sind, was ihre Farbwirkung betrifft, oft gar nicht so leicht zu beurteilen: Da hat ein feines Karo vielleicht nur zwei, vielleicht aber auch zehn verschiedene Farben; ein Paisleymuster wirkt grünblau, enthält bei genauerem Hinschauen aber auch Violett, Braun und sogar etwas Gold – zu welcher Farbskala gehört es nun eigentlich?

Wenn Sie sich für ein Muster entscheiden – egal, ob es um das großzügige Design auf einem Pullover oder um die Blümchen auf einem Sommerrock geht – sollten Sie hauptsächlich auf zwei Dinge achten:

■ Welchen Grundton hat das Muster?

■ Paßt der Charakter des Musters zu Ihrem Typ und auch zu Ihren Körperproportionen?

Betrachten Sie den Stoff oder das Stück aus einiger Entfernung. Wie ist der Gesamteindruck? Welcher Farbton dominiert? Harmoniert dieser Ton mit Ihrer Farbskala?

Lassen Sie sich nicht irritieren, wenn Sie auch ein paar „falsche" Farben in diesem Muster finden; solange sie im Muster untergehen und nicht hervorstechen, stören sie nicht. Seien Sie aber vorsichtig mit einem auffallenden, farblich ziemlich gleichwertigen Muster, zum Beispiel bei einem Pulli mit einem großen Strickbild auf der Vorderseite: Der Pulli selbst hat ja vielleicht eine Idealfarbe für Sie – das Strickbild auch? Oder erschlägt es die Wirkung Ihrer Gesichtsfarben?

Ihre Farbskala gibt Ihnen auch einen Hinweis auf den Charakter des Musters, das zu Ihnen paßt: Kontrastreich, farblich gleichwertig, großzügig wie die Farben des Wintertyps können auch die Muster sein, die zu ihm passen; für den Frühlingstyp wäre das viel zu laut, er braucht klare und zarte Muster. Verschwommen und pudrig sollten die für den Sommertyp sein, weich und möglichst ohne starke Kontraste die für den Herbsttyp.

Woran das Herz hängt

DIE SCHMUCK-FARBEN

Mal nüchtern betrachtet, sind Schmuckstücke nichts anderes als Accessoires. Sie haben eine Eigenfarbe wie ein Schal, ein Gürtel oder ein Paar Schuhe. Aber so einseitig wollen wir Schmuck nicht sehen: Wer trennt sich schon von einem heißgeliebten Ring, nur weil er nicht zum Farbtyp paßt. Das muß auch nicht sein.

Schmuck ist etwas ganz Persönliches

Fast jede Frau besitzt Schmuck – die eine nur ihren Ehering und ein Herzchen um den Hals, die andere kostbare Juwelen. Vielleicht trägt sie sie, vielleicht aber nur teure Kopien davon, und die Originale liegen im Tresor. Wohl jede Frau sammelt im Laufe der Zeit auch Modeschmuck: einen Armreif aus Holz, zwei aus Plastik und ein im Urlaub erstandenes Silberband, eine Blütenbrosche vom Trödelmarkt und eine mit Glassteinen aus einer Boutique, eine kleine Batterie von Ohrclipsen, die man mal unbedingt haben mußte. Dazu kommen noch ein von der Oma geerbtes Medaillon und eine Kette von der Mutter, ein paar Ringe, die so zusammengekommen sind.
Nicht zu vergessen, was einem Patentanten, Freundinnen, Freunde und Exfreunde so alles im Lauf der Zeit geschenkt haben. Und schließlich das, was man sich selbst zugelegt hat – die Zeiten, in denen es als unschicklich galt, daß sich Frauen Schmuck selber kauften, sind schließlich längst vorbei.
Betrachten wir Schmuck – ob Modeschmuck oder echten Schmuck – einmal als Accessoire, genauso wie einen Gürtel, eine Tasche oder ein schönes Paar Schuhe. Es soll an unserer Kleidung einen besonderen Akzent setzen oder vielleicht den Stil in die eine (klassische) oder die andere (elegante oder modische) Richtung lenken. Oder aber es soll, unabhängig von allem, nur unsere Individualität herausstreichen.
Trotzdem ist Schmuck noch etwas anderes, etwas sehr Persönliches. Er ist mit der eigenen Geschichte verbunden, mit der der Familie, mit vergangenen Lieben und vielleicht mit Zeiten, an die man sich gern erinnert. Einen alten Pulli oder einen abgetragenen Mantel wirft man weg – einen Ring nicht, auch wenn ihm schon zwei Steinchen fehlen und sein Stil überhaupt nicht mehr dem Zeitgeschmack entspricht. Fällt es uns deshalb so schwer, auch unseren Schmuck rigoros den Farbtypregeln zu unterwerfen? Selbstverständlich werden Sie sich nicht von einem Stück, an dem Sie hängen, nur deshalb trennen, weil es nicht in Ihre Farbskala paßt. Andererseits stellen Sie vielleicht bei zunehmender Sensibilität für das Farbempfinden fest, daß einige Ihrer besten Stücke nur deshalb sehr selten aus dem Schmuckkästchen herauskommen, weil sie nicht Ihre Farben haben und Sie sie instinktiv liegenlassen. Es lohnt sich jedenfalls, auch seinen Schmuck einmal daraufhin zu überprüfen, ob er in die zum jeweiligen Typ gehörende Farbskala paßt.
Besonders reizvoll dabei ist, den Blick für die verschiedenen Goldnuancen zu schärfen. Reines Gold zum Beispiel wirkt kräftig sonnengelb, es ist aber ein zu weiches Material, um daraus Schmuck herzustellen. Schmuck aus purem Gold würde sich schnell verbiegen und abnutzen. Deshalb wird jedes Schmuckgold mit anderen, härteren Metallen vermischt (legiert). Diese Metalle verändern seine Farbe, so daß auch bei Gold ausgesprochen kühle und warme Nuancen zu finden sind.

Silber wirkt kühl, Gold wirkt aber nicht immer warm – es kommt auch hier auf die Nuancen an.

Das normale Gelbgold wird mit Silber und Kupfer legiert. Gelbgold hat immer eine warme Ausstrahlung. Rotgold hat einen hohen Anteil an Kupfer, und es kann, je nach Tönung, sowohl warm als auch kühl wirken. Hellrotes Gold enthält neben Kupfer auch noch Silber. Dem Silber verdankt es seinen zarten, kühleren Schimmer. Weißgold besteht aus Gold, das mit Palladium und Nickel vermischt wurde. Weißgold wirkt immer kühl. Mischt man Gold mit Stahl, so erhält es einen kühlen blauen Glanz; gibt man ihm Kadmium und Silber bei, entsteht Grüngold. Alter Schmuck hat meist einen sanften rotgoldenen Schimmer – eine Nuance, die früher einmal modisch war. Sein Glanz hat die Brillanz neuen Schmucks verloren und dafür eine Weichheit gewonnen, die viele sehr schätzen. Schmuck aus der Biedermeierzeit, egal wie edel geformt, hat oft nur eine Oberfläche aus gelbem Goldblech mit einer nostalgischen Patina... Schmuck im Stil der Jahrhundertwende und Art-deco-Schmuck dagegen sind meist aus Weißgold oder aus Silber. Wie gesagt: sobald man einmal gelernt hat, näher hinzuschauen, tun sich zwischen Gold und Gold wahre Welten auf...

Wenigstens noch über eine Spur von Gold verfügt Schmuck aus Golddublee, bei dem superdünnes Goldblech (meist) auf Stahl aufgewalzt wurde. Bei allem unechtem Schmuck dagegen erinnert nur noch die Farbe an Gold. Aber auch hier können die Nuancen vielfältig sein, je nachdem, ob Kupfer mit Zinn (Messing), Kupfer mit Zink (Bronze) oder ob aus einer Kunststoffmasse Phantasiegold gemixt wird.

Schmuck aus Silber gab es zu allen Zeiten, mal grob und klotzig, mal fein ziseliert, mal so großflächig, daß der kühle, an Mondschein erinnernde Glanz des edlen Materials voll zur Geltung kommen konnte. Besonders edel (und in seiner Farbwirkung eher kalt) kann auch künstlich geschwärztes Silber sein. Und dann ist da noch Platin – ein wertvolles Metall, das jeder Ahnungslose für Silber hält. Da muß man einfach wissen, was man trägt – und cooles Understatement pflegen.

Es gibt großflächigen und fein ziselierten Schmuck – wählen Sie den richtigen zu Ihrem Typ.

Was Edelsteine und Halbedelsteine betrifft: Schmuck mit Brillanten, Bergkristall und Straß wirkt ausgesprochen kühl – anstelle von Farbe fasziniert das kalte Blitzen der Steine. Farbige Steine dagegen können sanft, zart und warm oder aber kühl und nur in der Tiefe feurig glühend wirken... Halten Sie, was immer Sie an Schmuck besitzen, an Ihre Farbskala. Beobachten Sie, ob der oder die Steine in Harmonie mit den Farben stehen und an Leben gewinnen. Ob sie dominieren oder plötzlich unscheinbarer werden.

Wie gesagt: Von Stücken, die einem wert und wichtig sind, wird man sich auch dann nicht trennen, wenn sie die Probe nicht bestehen. Beim nächsten Gang zum Juwelier aber gelangt für Sie nach dieser Prüfung von vornherein nur das in die engere Wahl, was nicht nur schön und wertvoll ist, sondern Sie auch wirklich schmückt.

Jeder Edelstein, auch ein scheinbar farbloser Brillant, hat seine charakteristische Wirkung.

Modeschmuck auszusortieren und zu verschenken sollte Ihnen nicht allzu schwerfallen. Das Souvenir aus Afrika in den herrlichen Naturfarben ist und bleibt zwar schön, aber wenn Sie kein Herbst-, sondern ein Wintertyp sind, dem Diamanten (und seien es imitierte!) am besten stehen, dann wird Sie der afrikanische Schmuck nicht attraktiver aussehen lassen. Oder die maigrünen Plastikohrringe, die einem Frühlings-, aber keinem Sommertyp stehen. Oder die grauen Plastikperlen, von denen Sie jetzt wissen, daß sie nicht zu Ihrem Typ passen – tauschen Sie sie vielleicht gegen andersfarbige ein. Mehr über die passenden Schmuckfarben erfahren Sie auf den nächsten Seiten.

Schmuck für den Frühlingstyp

Zart und fein ist der ideale Schmuck für den Frühlingstyp; alles Überdimensionale wirkt an ihm grob. Trotzdem verträgt er kräftige Farben, zum Beispiel die von Türkisen, von gelbem Topas, von blauem Saphir oder hellem Bernstein – also alle Farben, die in seiner Farbskala zu finden sind. Zum Frühlingstyp passen auch die vielen warmen Nuancen, in denen es Koralle gibt. Und natürlich kleidet ihn Schmuck aus warm wirkendem, elfenbeinfarbenem Horn oder Kunststoff sehr gut. Wenn Sie gern Perlen tragen: Cremeweiße oder gelbliche passen zu Ihnen. Und natürlich Schmuck aus jeder Art von Gelbgold und warmem Rotgold – nicht aus Weißgold oder Silber.

Schmuck für den Sommertyp

Sommertypen steht mancher alte Schmuck besonders gut, weil er meist nicht mehr hochglänzend, sondern edel mattiert ist. Zum Sommertyp passen auch, was Schmuck betrifft, kühle, aber sanfte Farben. Die von Rubin oder Granat etwa sind zwar leuchtend, aber nie schrill. Andere Steine, die Sommertypen gut tragen können, sind eher milchig, zum Beispiel bläuliche Opale, auch sanft blauer Aquamarin, grüne Jade, deren Farbe eher zu Blau als zu Moosgrün tendiert sowie graublauer oder graugrüner Achat. Natürlich passen zum Sommertyp auch Diamanten! Und Perlen in Grau und Rosé. Bei Gold sollte er Weißgold und kühles Rotgold bevorzugen – Gelbgold steht ihm nicht, Schmuck aus Silber hingegen hervorragend.

Schmuck für den Herbsttyp

Wenn sie zu Naturmaterialien greifen, liegen Herbsttypen immer richtig. Armbänder aus Holz und Horn, aus Kunststoff in den Farben vergilbten Elfenbeins, Ketten aus Bernstein oder Bein, Leder- und Federschmuck – alles, was so natürlich wirkt wie die Herbstfarben.

Ohne überladen zu wirken, können sich Herbsttypen meistens auch großflächigeren Schmuck anlegen, wenn seine Farben nur nicht zu gleißend sind, denn das würde ihre natürlichen samtigen Farben übertönen. Satte Steinfarben passen zu ihnen: kräftig rote Koralle, gelbgrüne Jade, goldgelber Topas, warme Achate, aber auch gelbliche Perlen. Gold können sie tragen (außer Weißgold), außerdem Kupfer und Bronze. Silber dagegen steht ihnen nicht.

Schmuck für den Wintertyp

Der Schmuck der Wintertypen darf glitzern und gleißen – je extravaganter er ist, desto besser. Wintertypen stehen Diamanten, Brillanten, Kristalle und Straß ausnehmend gut. Großflächiger Glitzerschmuck, Reifen und Ohrgehänge aus Plexiglas wirken an Frauen dieses Typs kostbar – sie betonen noch die Kontraste ihrer natürlichen Farben. Liebliches läßt sie fad wirken, allzu Zierliches verschwindet an ihnen. Wintertypen können starke Farben verkraften, tiefschwarzen Onyx oder Jett, tiefroten Rubin, tiefgrünen Smaragd ... (und alles, was so aussieht). Falls sie Perlen tragen, dann am besten gleich mehrere Reihen und nur in kühlem Weiß, Grau oder Schwarz. Ihre Materialien sind Platin, Weißgold, Silber, aber nie Gelbgold.

Passend zur Haut

DIE MAKE-UP-FARBEN

Natürlich gilt auch für die Make-up-Farben: kühle Nuancen für den Sommer- und den Wintertyp, warme für den Frühlings- und den Herbsttyp. Was bei der Kleidung wichtig ist, zählt hier doppelt: Je näher eine Farbe an Augen und Haar rückt, desto sorgfältiger muß sie auf den Typ abgestimmt sein.

Schöner mit dem richtigen Make-up

Natürlich gibt es Frauen, die eine makellose, feinporige Haut ohne irgendwelche Unebenheiten haben und die auf jegliche Teintgrundierung verzichten können. Und natürlich gibt es auch ein paar Naturschönheiten, die mit nichts als einer Spur Lippenstift gepflegt und dezent geschminkt aussehen. Die meisten von uns brauchen leider ein bißchen mehr, um wirklich gut auszusehen – nicht wie gelackt und überpinselt, sondern einfach gepflegter, modischer und attraktiver.

Die richtige Grundierung ist wichtig. Wählen Sie eher eine zu helle als eine zu dunkle aus.

Dies soll kein Schminkkurs sein; wir möchten Ihnen hier nur ein paar Grundregeln vermitteln, die beim Make-up für jeden Farbtyp wichtig sind.
Als am schwierigsten empfinden es fast alle Frauen, die richtige Teintgrundierung (Fond de Teint) auszuwählen. Wer aber seinen Farbtyp kennt, wird sich auch dabei leichter tun.

Kosmetikfirmen haben üblicherweise vier bis sechs verschiedene Farbnuancen in ihrem Programm. Der hellste und der dunkelste Ton scheiden für die meisten Frauen aus – sie sind zu modisch oder zu extrem. Lassen Sie sich die übrigen Nuancen zeigen, und schauen Sie genau hin: Welche haben einen gelblichen (also warmen) Ton und welche einen eher rosig grauen (das heißt kühlen)? Vergleichen Sie die Farben direkt nebeneinander. Schauen Sie sich die Grundierungen bei Tageslicht an!
Nachdem Sie je nach Ihrem Hauttyp schon eine Vorauswahl getroffen haben (als Sommer- oder Wintertyp eine rosig-kühle Nuance, als Frühlings- oder Herbsttyp eine eher warm wirkende), kommt es im zweiten Durchgang darauf an, daß die Grundierungsfarbe der Tönung Ihrer Haut entspricht. Das heißt, Sie müssen sich jetzt für eine helle oder eine etwas vollere, dunkle Nuance entscheiden. Die Farbwirkung der Grundierung sollte möglichst mit der Ihres Teints übereinstimmen, damit beide farblich regelrecht miteinander verschmelzen können. Bei der Auswahl gilt: lieber eine Spur zu hell als zu dunkel! Zu dunkles Make-up zeichnet sich leicht an der Kinnlinie ab; es macht die Gesichtszüge herber und wirkt oft künstlich oder sogar schmuddelig.

Testen Sie die Grundierung nicht auf dem Handrücken oder auf der Innenseite Ihrer Handgelenke: Auf dem Handrücken ist die Haut meist dunkler als im Gesicht, an den Handgelenken dafür blasser. Visagisten raten, eine Teintgrundierung immer auf der Stirn auszuprobieren.
Kaufen Sie sich eine neue Grundierung nicht gerade kurz nach den Sommerferien im Süden oder nach dem Skiurlaub. Mal ganz abgesehen davon, daß Sie jetzt wahrscheinlich sowieso besser als sonst nur mit einem Hauch Puder und Rouge auskommen – mit sonnengebräunter Haut ist es logischerweise sehr schwer, seine Alltagsfarbe zu treffen.

Mal dick auftragen? Vorsicht, nur wenigen Frauen steht es wirklich gut.

Noch ein Wort zur Konsistenz des Teint-Make-ups: Es gibt sehr flüssige, transparent wirkende Grundierungen sowie cremigere, fast pastenartige. Die transparenten wirken natürlicher, dekken aber Unreinheiten oder rote Äderchen nicht so gut ab. Die eher pastösen sind hierfür wesentlich besser geeignet, manche Frauen fühlen sich aber damit wie zugekleistert (und einige sehen auch so aus).

Man muß Grundierungen sehr gleichmäßig, am besten mit einem Schwämmchen, auftragen und dabei leicht drücken, nicht reiben.
Wenn Sie nur ein leichtes Teint-Make-up benutzen wollen, vertuschen Sie Äderchen und eventuelle Unreinheiten nur mit einer Abdeckcreme (deren Farbton ebenfalls perfekt passen muß!). Das Präparat wird mit der Fingerspitze dem Töpfchen oder Stift entnommen und behutsam in die Haut geklopft. Danach wird das Gesicht leicht überpudert. Auch so bekommen Sie eine gleichmäßige, gepflegt wirkende Basis für Ihr weiteres Make-up, egal, ob Sie sich nur die Wimpern tuschen möchten oder eine große Malstunde vorhaben.

Auch Lidschatten, Lippenstift und Rouge nur aus der eigenen Farbskala wählen.

Auch beim Kauf von Lippenstiften, Rouge und Lidschatten brauchen Sie sich nur an Ihre Farbskala zu halten. Betrachten Sie einmal die Probiersortimente der einzelnen Kosmetikfirmen im Kaufhaus oder in einem Fachgeschäft: In den Batterien von Stiften und Farbpaletten befinden sich nahezu alle Farbnuancen – solche, die eindeutig kühl wirken, und andere, die genauso eindeutig erdig sind und warm wirken. Möglich, daß eine Firma in einer Saison nur warme Herbst- oder Kupferfarben herausbringt; wenn Sie ein Sommertyp sind und wissen, daß Ihnen nur bläuliche, kühle Töne gut stehen, vergessen Sie diese Firma ein halbes Jahr lang, und kaufen Sie sich Ihren Lidschatten von einer anderen, die Ihre Farben im Sortiment hat.
Sobald Sie Ihre Farbskala gut kennen, wissen Sie auf Anhieb, welche Farben für Sie in Frage kommen. Als Faustregel gilt: Die Farben, die Ihnen an einer Bluse hervorragend stehen, wirken – in einer gedämpfteren Version natürlich – auch auf Ihren Augenlidern harmonisch.
Selbstverständlich werden Sie nicht alle Farben ausprobieren wollen, sondern sich für ein paar entscheiden, die auch zu Ihrer Augenfarbe passen. Welche das sein könnten (und welche Lippenstift- und Rougetöne Ihnen am besten stehen), sehen und lesen Sie auf den folgenden Seiten.

Nagellack und Lippenstift sollten zum Typ passen, müssen aber nicht identisch sein.

Ist es Ihnen auch schon einmal passiert, daß Sie den Nagellack bei einer anderen Frau einfach toll fanden, sich den gleichen Lack kauften und enttäuscht waren? Irgend etwas stimmte nicht: Ihre Nägel fielen zwar auf – aber unangenehm; Ihre Hände wirkten plötzlich derber, die Nägel waren wie Fremdkörper.
Das schönste warme Korallenrot wirkt plötzlich gewöhnlich, wenn es sich zu einer Haut mit einem kühlen bläulichen Unterton fügen soll. Das lebendigste Rosapink wirkt ordinär an einer Hand mit einem warmen gelblichen Hautton. Mehr noch als im Gesicht (das ja auch noch überpudert wird) fällt es an den Händen auf, wenn die Farben nicht harmonieren.
Und noch eins: Betrachten Sie es als Gerücht und als eine längst überholte Ansicht, daß Ihr Lippenstift und Ihr Nagellack exakt denselben Farbton haben müssen. (Lippenstift und Rouge sind einander näher, da sollten Sie auch nach den gleichen Nuancen suchen.) Es genügt, wenn Ihr Nagellack aus derselben Skala kühler oder warmer Farben stammt wie Ihr Lippenstift. Ob die Farbe heller oder dunkler ist als die andere ist egal – sie passen auf jeden Fall gut zueinander.

Der Frühlingstyp: zart und transparent

Das Schlimmste, was sich ein Frühlingstyp beim Make-up antun könnte, wäre, sich zu stark und zu kontrastreich zu schminken. Frühlingstypen dürfen auf gar keinen Fall zugekleistert wirken – ihre Ausstrahlung rührt ja gerade von ihrem zarten transparenten Teint her. Wenn sie dagegen beim Schminken nichts anderes tun als ihre Eigenfarben zu betonen, wirken sie makellos. Das heißt, eine zarte, flüssige Grundierung im warmen, hellen Ton ihrer Haut, nie ein kompaktes dickes Teint-Make-up. Dazu paßt helles Rouge in einer Apricot- oder Pfirsichnuance, das ziemlich großflächig aufgetragen wird, so daß keine harten Kontraste, sondern weiche Übergänge entstehen. Mit Lippenstiften in warmen Rosatönen sehen Frühlingstypen immer gut aus. Wollen Sie zur Abwechslung mal Lippenstift in einem kräftigen Rot auftragen (was einen tollen Effekt haben kann), dann sollten Sie darauf achten, daß es kein bläuliches Rot ist, wie beispielsweise Rubin- oder Fuchsienrot (oder eines, das auf den Lippen bläulich wird); wählen Sie statt dessen ein Korallen- oder Hummerrot aus. Bei so kräftigen Farben ist es übrigens besser, wenn der Stift glossig und nicht zu stark deckend ist. Frühlingstypen sind die einzigen, denen es gut steht, wenn sie Lippen und Augen annähernd gleich stark schminken. Was bei anderen langweilig oder aufdringlich wirkt, sieht an ihnen dezent und gepflegt aus. Natürlich nur, wenn sie auf harten schwarzen Kajal verzichten und eher zu milchigen, weichen Lidschattenfarben greifen. Lieber eine Linie am Auge zusätzlich mit weißem Kajal verwischen, als eine zu dunkle Farbe wählen! Dafür können Frühlingstypen nach Lust und Laune mit farbiger Wimperntusche experimentieren, ohne Gefahr zu laufen, zu bunt zu wirken. Eine Wimperntusche in der Augenfarbe kann beim Frühlingstyp hinreißend aussehen!

Die zarten Eigenfarben des Frühlingstyps dürfen vom Make-up nicht überdeckt oder verfälscht werden. In den richtigen warmen und leichten Tönen wirken Frühlingstypen dezent geschminkt, aber nicht angemalt. Zu fast jedem Frühlingstyp passen helle milchige Töne beim Augen-Make-up und Pfirsichrosa als Rouge und Lippenstift

Foto links: lachsfarbener Lidschatten, nach außen hin nougatbraun, dazu dunkelbraune Tusche und weißer Kajal
Foto unten: Apart zu blauen Augen sind pastellgrüner Lidschatten, grüne Tusche und weißer Kajal. Auch Braun läßt blaue Augen leuchten

Lassen Sie sich nicht täuschen: im Schminkkästchen wirken Lidschattenfarben immer intensiver als auf der Haut. Links sehen Sie eine typische Frühlingspalette und rechts dieselben Farben so, wie sie auf den Lidern aussehen. Besonders schöne Farbkombinationen sind: Nougatbraun, Lindgrün und ein weiches Weiß; oder Hellila, zartes Türkis und Ocker; oder zartes Rosa, Lindgrün und Nougatbraun oder Ocker, Hellila und nochmal das Nougatbraun. Beim Mischen gilt die Regel: die dunkelste Farbe zuerst auftragen und sie erst dann mit den helleren Tönen verwischen.

Foto rechts: Ohne Glanz und sehr natürlich. Die Lippen nur mit zart rosa-braunem Konturenstift umranden und auch ausfüllen
Foto unten: Bräunliche, aber doch deutlich rosige Lippenstiftfarben sind für Frühlingstypen immer passend

Frühlingstypen können gut entweder ganz zartes Lip gloss oder auch mal eine kräftige Lippenstiftfarbe auftragen. Je natürlicher die Farben wirken, desto schöner ist es. Weiche, nicht grelle Orangetöne stehen diesem Typus gut, auch Pfirsichnuancen und leicht erdig-bräunliche Rosatöne, wenn sie nicht dumpf wirken.
Auch ein volles leuchtendes Hummerrot sieht an Frühlingstypen gut aus. Rechts die Stifte und links die Farbwischer zeigen vier typische Lippenstiftfarben für den Frühlingstyp. Der breit gezogene Farbstrich paßt jeweils am besten zu den jeweiligen Lidschattenkombinationen auf der linken Seite.

Der Sommertyp: kühl und sanft rauchig

Sommertypen dürfen in (kühl wirkenden!) Farben schwelgen. Ihre meist etwas stärker pigmentierte Haut verlangt geradezu nach intensiveren Tönen. Eine leuchtende Lippenstiftfarbe oder ein kühles, schimmerndes Augen-Make-up bilden einen edlen Kontrast zum zurückhaltenden Aschblond oder Aschbraun der Haare. Mehr als andere haben es Sommertypen in der Hand, ob sie sehr natürlich und sportlich (nur mit etwas getönter Tagescreme und Lippenstift geschminkt) oder ausgesprochen elegant aussehen möchten (mit abgepudertem Make-up und exakt nachgezogenen, voll ausgemalten Lippen, die immer den Eindruck von Perfektion erwecken). Manche Sommertypen sehen toll aus mit einem sogenannten französischen Make-up: nur ein bißchen Rouge, etwas Puder – und einem leuchtend roten Mund! Das Rouge, natürlich im gleichen kühlen Farbton wie der Lippenstift, sollte übrigens nie die Farbintensität des Lippenstiftes übertrumpfen – mit zuviel Rouge und intensivem Lippenstift wirken Sommertypen angemalt. Manche entscheiden sich auch dafür, lieber ihre Augen stark zu betonen und nur eine zurückhaltende Lippenfarbe zu wählen. Dem Sommertyp mit Augen, die zum Graublauen oder Graubraunen tendieren, steht die ganze Farbpalette zur Verfügung. Er sollte nur stets die kühle Variante wählen: also Rauchbraun statt Nougatbraun, Phosphorgelb statt Dottergelb... Übrigens, wem es Spaß macht, attraktive Schminktechniken an den Augen auszuprobieren, muß dabei nicht päpstlicher als der Papst sein: Ein Hauch einer warmen Farbe im Zusammenspiel mit den kühlen Farben schadet nicht – wichtig ist, daß die Farben am Lidrand, also im Bereich der Iris, aus der richtigen Farbpalette stammen.

Ein leuchtend roter Mund, dessen Konturen perfekt nachgezogen wurden, ist bei den meisten Sommertypen ein wichtiger Akzent, der ihrem Gesicht Leben gibt. Dafür bleibt das Rouge zurückhaltend, und die Augen werden nur sanft, aber raffiniert betont. Alle kühlen Schminkfarben sind für den Sommertyp ideal

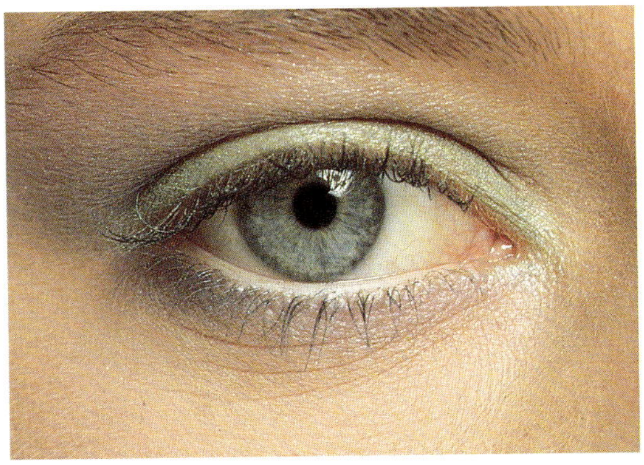

Farbspiele für Sommertypen. Foto links: pastellgrüne Lider, dunkles Blauviolett außen, helleres auf dem Brauenbogen Foto unten: Rosé bis Blauviolett über der Lidfalte und im Augenwinkel, silbrig weißer Highlighter auf dem Lid. Am Unterlid wenig Farbe, dafür weißer Kajal

Kühl und farbstark, aber nie bunt, wirken die Zusammenstellungen von Augen-Make-up-Farben für den Sommertyp (links im Bild eine typische Palette, rechts dieselben Farben aufgetragen). Falls das Make-up auf den Lidern doch mal zu dominant geworden ist, stäuben Sie einfach hellen Gesichtspuder darüber. Grau, von Silber bis Anthrazit, und Graubraun sind überhaupt die idealen Lidschattenfarben für all diejenigen, die ihre Augen nur ganz dezent betonen wollen. Wer dagegen in Farben schwelgen will, kann kombinieren, zum Beispiel: Violett, Blau und Grün oder Grün, blasses Gelb und Pink oder Rosa, Violett und Blau oder Blau, helles Gelb und Silberweiß.

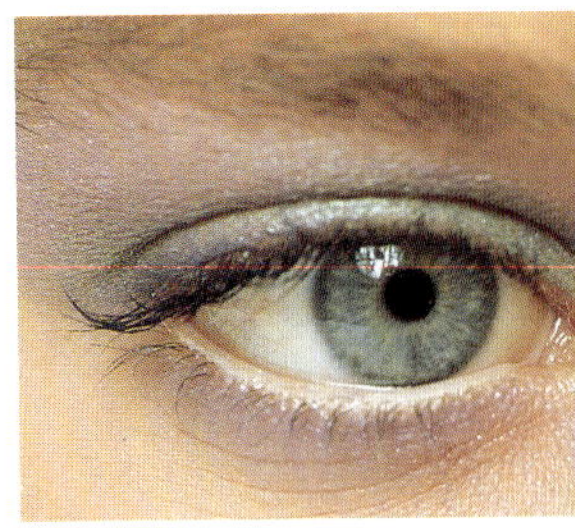

Voll ausgemalte Lippen, deren Konturen exakt mit einem Stift nachgezogen wurden, setzen einen wichtigen Akzent
Foto rechts: Neben satteren, bläulichen Rottönen paßt zu Sommertypen auch ein nur leicht bläulicher Melonenton
Foto unten: Auch ein sanftes, ins Mauve gehendes Rosa steht ihnen gut

Für Sommertypen gibt es wunderschöne Lippenstiftfarben – von hellen bis hin zu satt dunklen. Das für Sommertypen ideale Rosa ist kein Babyrosa, sondern ein edles, gedämpftes Altrosa oder ein lebhaftes Pink. Die mittleren bis dunkleren Farben gehen ins Bläuliche – es sind die der Fuchsien und Azaleen.

Das deutlichste Rot tendiert ins Purpur. Viele gedämpfte, nicht aufdringlich wirkende Violettnuancen kann der Sommertyp sehr gut tragen. Genausogut steht ihm ein freundliches Melonenrot oder ein ganz zarter Malventon. Rechts an Stiften und links aufgetragen sind vier typische Lippenstiftfarben für den Sommertyp abgebildet.

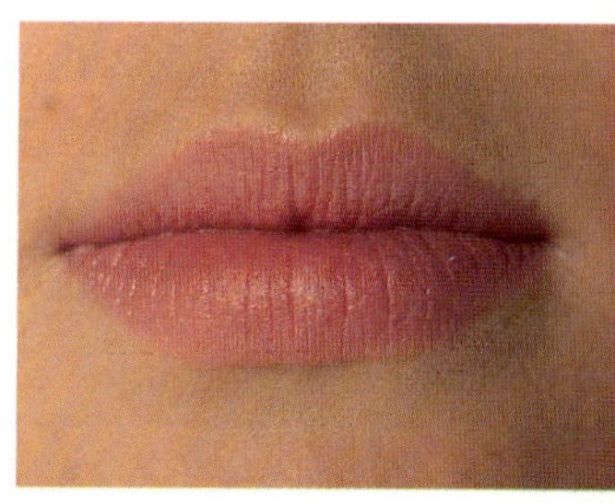

Der Herbsttyp: warm und leuchtend

Einige Herbsttypen mit dunklerem Teint sehen, wenn sie zudem eine intensive Augenfarbe haben, ganz ungeschminkt blendend aus. Die meisten anderen, oft sehr blassen und hellhaarigen Frauen dieses Typs brauchen dagegen eine Spur Farbe. Dann aber ist die Verwandlung hinreißend! Herbsttypen haben die Wahl, sich ganz natürlich zu schminken (Ton in Ton) oder modische Experimente zu wagen – leisten können sie sich beides. Konsequent und mit Raffinesse geschminkt, sehen sie nie überzeichnet, sondern einfach super aus. Grundsätzlich braucht die helle Haut des Herbsttyps nur ein dünnflüssiges Teint-Make-up. Ein Hauch genügt, um den meist deutlichen Gesichtskonturen Klarheit zu geben. Oft ist sogar Puder überflüssig, der leicht matte Effekt des Teint-Make-ups genügt. Die meisten Herbsttypen spüren instinktiv, daß sie bei ihrem Make-up nichts wirklich falsch machen können, wenn sie bei ausschließlich erdigen, sehr natürlich wirkenden Farben bleiben. Aber: Sanft bräunlicher Lip gloss, weiche Brauntöne um die Augen, das wirkt manchmal etwas langweilig. Herbsttypen stehen sehr viele Farben zur Verfügung, zum Beispiel alle warmen, ins Goldene gehenden, aber auch einige, die an die Skala der kühlen Farben angrenzen. Ein tomatenroter oder goldoranger Lippenstift (warme Farbwirkung) zum Beispiel, sieht an einem Herbsttyp aufregend aus – ein brombeerfarbener, ins Aubergine tendierender kann ebenfalls toll wirken. (Hüten sollten sich Herbsttypen vor hellen Perlmuttfarben, vor eisigem Lila oder kaltem Pinkrosa.) Das gleiche gilt fürs Augen-Make-up. Sanftes Nougat und Kupfer sehen natürlich und elegant aus – ein Schimmer von Schilfgrün oder warmem Lila kann sehr extravagant wirken. Herbsttypen dürfen ihre Augen stark und relativ dunkel schminken, dann sollten sie aber – sonst wird es zu grell – bei den Lippen zurückhaltend sein. Oder aber, sie betonen ihren Mund und verzichten dafür auf ein zu intensives Augen-Make-up.

Herbsttypen haben die Wahl zwischen natürlichem Schminken in den sanftbraunen Tönen ihrer Skala und ausgefallenerem Make-up, bei dem sie auch mal nach extravaganten Farben greifen können. Immer schön sind intensive Farben am Wimpernrand und ein natürlich glänzender Mund

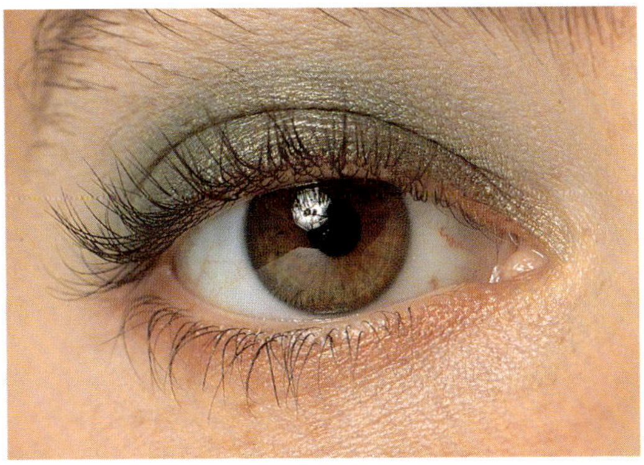

Foto links: Dunkle Augen, mal nicht nur Braun-in-Braun geschminkt, sondern mit sattem Taftgrün bis zur Lidfalte, darüber Hellbraun und am Unterlid Lachs
Foto unten: Ideal ist ein auberginefarbener Schatten bis über die Lidfalte, am Wimpernrand eine nachtblaue Kontur und heller Kajal am Unterlid

Herbsttypen können ins Volle greifen. Die meist kräftige Farbe ihrer Iris kommt noch mehr zur Geltung, wenn sie durch kraftvolle Farben betont wird. Neben allen Kupfer- und Brauntönen kommen auch dunkles Aubergine, Lavendel oder helles Blattgrün in Frage. Als Aufheller geeignet sind Lachs, Pfirsich oder Sonnengelb.
Links eine Farbpalette für den Herbsttyp, rechts dieselben Farben so, wie sie aufgetragen aussehen.
Besonders schön sind: Lidschattenkombinationen aus Lavendel, Aubergine und Kupfer oder Blattgrün, Pfirsich und Lachs oder Aubergine, Pfirsich und Sonnengelb oder Lavendel, Blattgrün und Pfirsich.
Tip: am Unterlid dunkle Farben mit einer hellen Farbe überpinseln.

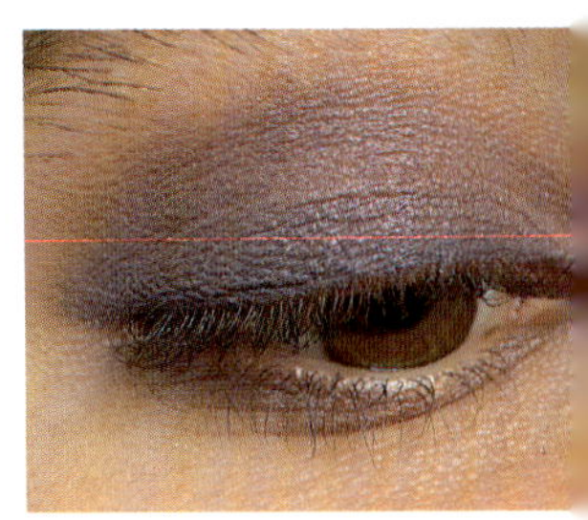

Matt oder glänzend, beides paßt gut zum Herbsttyp
Foto rechts: goldfarbener, glänzender Lippenstift, bis an den äußersten Rand aufgetragen, schimmert voll
Foto unten: Lippenstift in einem Burgunderton wirkt abgepudert sanft himbeerfarben

Lieben Sie bräunliche Lippenstifte oder eher rote mit einem Stich Gelb? Ein richtig knalliges Rot oder einen schimmernden Kupferton? Als Herbsttyp können Sie zwischen all diesen Tönen wählen. Leuchten des Tomatenrot zum Beispiel, aber auch sattes Lachsrot, schimmerndes Kupfer oder – sehr ausgefallen und apart – dunkles Brombeerrot, schon an der Grenze zum Bläulichen, stehen Ihnen gut. Rechts die Stifte und links die Farbwischer zeigen vier typische Lippenstiftfarben für den Herbsttyp. Der breit ausgezogene Farbstrich paßt jeweils besonders gut zu den Lidschattenkombinationen links. Übrigens: Herbsttypen steht als einzigen auch Orange!

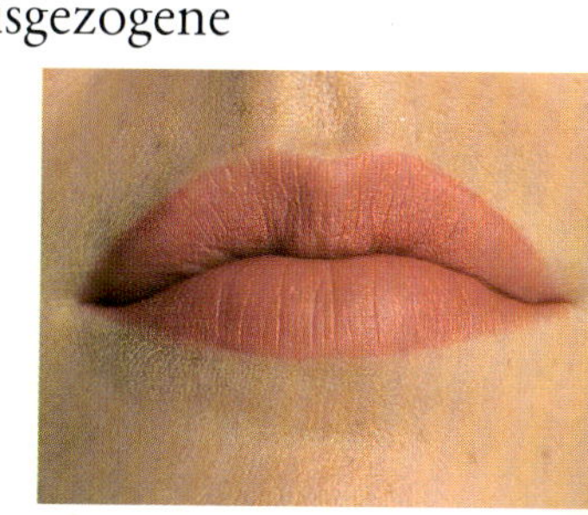

Der Wintertyp: er lebt von Kontrasten

Das Gesicht des Wintertyps hat meist eindeutige Konturen und wird geprägt von den starken Kontrasten zwischen Haut- und Haarfarbe, zwischen Iris und Augenweiß. Nun entspricht zwar nicht jeder Wintertyp dem Idealbild, aber wenn es um das Make-up geht, trifft auf alle zu: Zuviel Farbe an zu vielen verschiedenen Stellen läßt sie gewöhnlich wirken. Der Wintertyp kommt mit wenigen, aber kräftigen Farben aus. Für den meist hellen Teint genügt zum Ausgleichen fast immer eine leichte, genauso helle Grundierung; auch bei einer Haut, deren Unterton eher ins Oliv geht, sollte die Grundierung nur leicht, nie dick und pastig sein. Rouge braucht der Wintertyp nur wenig – es sollte den Ton des Lippenstiftes haben und flächig aufgetragen werden. Zum Lippenstift, dessen Farbe kräftig sein sollte, paßt prinzipiell ein zurückhaltendes, klares Augen-Make-up in Hell-Dunkel-Kontrasten. Schminkt sich ein Wintertyp mal nur mit einer Spur Lip gloss, kann er seine Rehäugigkeit durch dunklen Kajal betonen: die Augen werden kräftig umrandet und die Lider mit morbiden, dunklen Tönen geschminkt. Auch modische Experimente kann sich die Frau dieses Typs leisten. Sie ist zum Beispiel prädestiniert für den Look der Sechziger Jahre: rosaweiße Lippen und schwarz umrandete Augen. Und sie ist die einzige, die es wagen kann, ihren Augen durch eine bläulich-rote Kajalkontur einen Stich ins Grüne zu geben, ohne daß das Rot sie verheult aussehen läßt. Vorsicht: Wintertypen mit eher olivfarbenem Teint passiert es leicht, daß sie sich irrtümlich für einen Herbsttyp halten und sich entsprechend schminken. Einigen stehen manche Herbstfarben sogar ganz gut, die meisten aber wirken damit gelblich und schwammig. Kühle Farben machen sie mit Abstand schöner!

Wintertypen brauchen nur wenige, dafür aber kräftige Make-up-Farben: entweder sie schminken ihren Mund deutlich rot oder aber die Augen besonders ausdrucksvoll. Beides zusammen wirkt überladen. Auf viel Rouge können die meisten Wintertypen verzichten

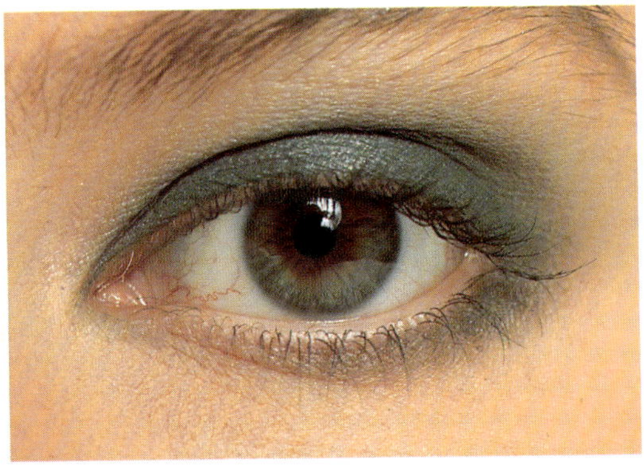

Foto links: Ganz umrahmt von nur einer einzigen Farbe (hier Petrolgrün) sehen die Augen des Wintertyps immer gut aus
Foto unten: Sehr dezent, aber raffiniert sieht ein ganz anderer Look aus, bei dem von den Brauen bis zur Lidfalte Anthrazit verwischt ist. Auf dem Lid selbst ist nur eine Spur Pink

Morbides, dunkles Mauve, Rauchbraun, Anthrazit, dunkles Blau, dunkles Grün – mit all diesen Farben darf der Wintertyp experimentieren, nur nicht mit allen auf einmal. Er braucht keine Farbigkeit, sondern Hell-Dunkel-Kontraste. Links sehen Sie eine Palette mit Lidschatten in typischen Winterfarben, rechts dieselben Farben aufgetragen. Wenn Wintertypen verschiedene Lidschattenfarben kombinieren wollen, dann am besten: Rauchbraun, Rosa und Anthrazit; Mauve, Nachtblau und eine winzige Spur Pink (mehr als Aufheller denn als Farbfläche eingesetzt); dunkles Grün, vermischt mit Nachtblau und Rosa als Aufheller; fast Ton-in-Ton und dünn aufgetragen Pink, Mauve und Rosa.

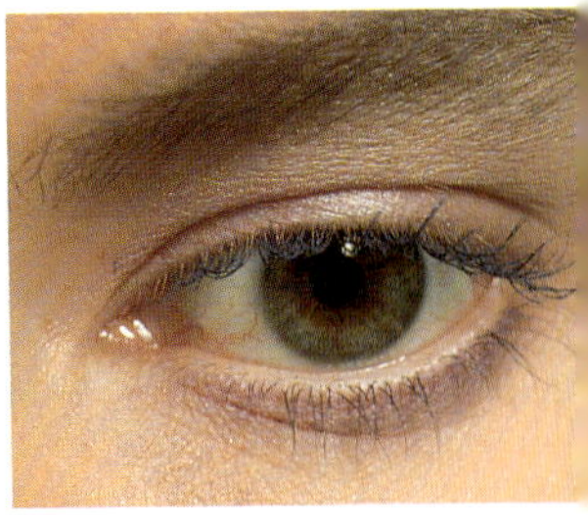

Lippen, mal nur mit Gloss (falls die Augen stärker betont werden), mal minutiös mit einem gleichfarbigen Konturenstift umrandet und mit Farbe ausgefüllt: Die Wirkung ist ganz verschieden
Foto rechts: Ein pinkfarbener Lip gloss, auch ein farbloser wäre schön
Foto unten: Ein leuchtendes Winterrot

Klar und eindeutig mit einem kühlen Blaustich sind die Lippenstiftfarben des Wintertyps. Mauschelige Töne stehen einer solchen Frau nicht.
Was an anderen nur grell wirkt, paßt zu ihr exzellent. Sie kann eisigstes Pink tragen, aber auch Picasso-Rot, leuchtendes Zyklam, heftiges Kirschrot und die vielen klaren Töne dazwischen. Rechts an den Stiften und links an den Farbwischern sehen Sie vier tolle Lippenfarben für den Wintertyp. Der breit ausgezogene Farbstrich paßt jeweils am besten zu den Lidschattenkombinationen auf der linken Seite. Wintertypen sollten übrigens immer auch ihre Lippenkonturen nachzeichnen – es lohnt sich!

Gut sehen – gut aussehen

DIE BRILLEN-FARBEN

Wer ständig eine Brille tragen muß, weiß es: Sie verändert nicht nur das Spiegelbild, sondern oft auch das Bild, das man insgesamt von sich hat.
Schließlich sitzt das Accessoire Brille mitten im Gesicht und ist beim besten Willen nicht zu übersehen. Grund genug, sich ausführlicher damit zu beschäftigen, welche Brillenformen und vor allem welche Brillenfarben zum eigenen Typ passen und welche nicht.

Brillen für den Herbsttyp

Zu Herbsttypen passen warme, satte Farben. Nur die besonders hellhäutigen sollten lieber zu transparenten oder hellgemusterten Brillengestellen greifen. Beispiele für Gestelle in kräftigen Farben sind die rötlich blaue Brille und die grün-rote. Denkbar wären auch warmes Braun, Rost und Jadegrün. Leichter wirken das transparente Gestell mit dem bunten oberen Rand und das gelbbraun getigerte. Als lichte Herbstfarben wären auch Bernstein, helles Schilf oder Lachs schön. Herbsttypen sollten alle kühlen Töne meiden. Fassungen aus Horn und in Gelbgold oder Kupfertönen stehen ihnen dagegen sehr gut.

Brillen für den Wintertyp

Dunkle Brillengestelle in vollen, kühlen Tönen sind für Wintertypen ideal. Toll kann die blauschwarze Brille aussehen; die anthrazitfarbene mit der Silbermarmorierung ist eine Spur weicher. Belebender wirken Gestelle, die mit den Kontrasten des Wintertyps spielen wie das rot-schwarz gemusterte und das in kühlem Grün, Lila und Schwarz. Soll's eine auffallendere Zweitbrille sein? Dafür kommen alle kräftigen Töne der Winterskala in Frage: Fuchsienrot, Rubinrot, Tannengrün … Was außerdem zum Wintertyp paßt, sind Metallfassungen in Silber oder geschwärztem Silber.

Pure Naturfarben – oder?

DIE HAAR-FARBEN

Seinen Typ durch eine neue Haarfarbe radikal zu verändern, ist nicht unproblematisch. Das nahe Beieinander von Haaren, Teint und Iris verlangt ein besonders harmonisches Zusammenspiel der natürlichen und künstlichen Pigmente. Das heißt: man sollte auch bei der Wahl einer neuen Haarfarbe unbedingt in der eigenen Farbtypskala bleiben.

Passende Farben zum Tönen und Färben

Die Haare färben? Das ist wirklich ein Kapitel für sich. Es gibt Frauen, die jede Manipulation an ihrer Haarfarbe kategorisch ablehnen. Sicher oft aus Angst vor einer Veränderung, deren Wirkung vorher nicht genau abzuschätzen ist. Tatsache ist, daß vielen Frauen ihre natürliche Haarfarbe wirklich am besten steht.

Ein Friseur könnte allenfalls ein modisches Blinklicht hineinfärben – das wird vielleicht ein Volltreffer, vielleicht aber auch nicht. Das Risiko kann man aber eingehen, denn Haare lassen sich nicht nur umfärben, sondern sie wachsen auch nach.

Andere Frauen haben einfach Lust zu experimentieren: Sehe ich mit etwas blonderen, röteren oder brauneren Haaren oder mit ein paar Strähnchen nicht doch vielleicht eine Spur besser, jünger, interessanter aus?

Es ist ja durchaus etwas dran: Die Haare sind nicht nur der Rahmen für das Gesicht, sondern auch ein Kennzeichen. Mehr als das: Mit der Haarfarbe verbinden wir schon seit altersher Charaktereigenschaften (obwohl das sicher schon immer unzutreffend war): Da gilt die Schwarzhaarige als leidenschaftlich, die Rothaarige als raffiniert, die Blonde als sanft und die Brünette als warmherzig. Als ob es so einfach wäre!

Mit der Haarfarbe verbinden wir oft Charaktereigenschaften – und irren uns meistens gewaltig.

Aber Vorurteile sitzen tief, und so manche Brünette möchte eben auch einmal als leidenschaftlich erkannt werden und setzt ein Signal: Sie färbt ihre schönen braunen Haare blauschwarz. Und weil es gerade Mode ist, und weil sie ein bißchem mehr auffallen möchte, bleicht eine andere ihre Haare weißblond. Vielleicht steht es ihr ja sogar ausgezeichnet!

Und falls das Experiment mißglückt ist, läßt sich die Zeit, bis alles wieder nachgewachsen ist, mit Hilfe eines guten Friseurs meist überbrücken.

Wer also einen Fehlschlag von vornherein ausschließen möchte, sollte wissen:

■ Beim Hellerfärben werden den Haaren zunächst die natürlichen Pigmente entzogen, damit sich die gewünschte neue Farbe einlagern kann. Das ist eine Prozedur, die das Haar auf Dauer strapazieren kann und auf jeden Fall viel Zusatzpflege verlangt.

Wer seine Haare färbt, riskiert zwar eine Veränderung – aber sie ist nicht unwiderruflich.

■ Wer seine Haare regelmäßig selber färbt (auf den Packungen steht meist „Coloration“ oder „Intensiv-Tönung“), und dabei Produkte und Haarfarbe öfter wechselt, hat keine Garantie, daß er das gewünschte Ergebnis erzielt.

Bei solchen Umfärbungen kann das Resultat unberechenbar sein. Lassen Sie lieber einen Fachmann ran – vor allem dann, wenn schon etwas schiefgegangen ist.

(Falls er über Ihre „Selbstversuche“ die Nase rümpft, lassen Sie sich davon nicht irritieren: Es geht um Ihre Haare und Sie sind Kundin, zahlen also für seine Hilfe!)

■ Wer nur seine Naturfarbe mit einer Tönung um eine Nuance beleben will, sollte davon ausgehen, daß das, was ein kurzer Blick in den Spiegel zeigt, nicht unbedingt seine echte Farbe ist. Dauerwelle, Salzwasser und Sonne können die Haare verfärbt haben; den unverfälschten Ton findet man am ehesten unter dem Deckhaar.

■ Eine Dauerwelle hat übrigens genauso wie eine Aufhellung einen unerwünschten Nebeneffekt: Die in jedem Haar vorhandenen Rotpigmente kommen stärker heraus, und zwar umso mehr, je strapazierter das Haar ist. Für Frühlings- und Herbsttypen, denen warme Töne gut stehen, ist das nicht weiter tragisch; bei Sommer- und Wintertypen, die nur in kühleren Farben wirklich gut aussehen, ist der warme gelbstichige Rotton aber ein Nachteil.

■ Mit echten Tönungen geht man kaum ein Risiko ein. Ganz gleich, ob man nun ein Tönungsshampoo, eine Tönungscreme oder eine Schaumtönung benutzt: Mit jedem dieser Produkte kann man relativ leicht seine Naturfarbe intensivieren oder ihr eine neue Farbwirkung geben. Was eine Tönung nicht kann: Die Haare heller färben. Pigmente aus Tönungen werden ins Haar nicht eingelagert, sondern sie legen sich nur darum herum.

Nachteil (und Vorteil, wenn einem die neue Tönung doch nicht so gut gefällt): Die Farbe wäscht sich nach etwa fünf bis sechs Schamponierungen wieder heraus.

■ Sehr effektvoll können Strähnchen sein. Wer blonder werden will, muß nicht den ganzen Schopf blondieren. Ein paar helle Lichter ums Gesicht herum oder auf dem Deckhaar haben oft die gleiche (und meist sogar belebendere) Wirkung, ohne daß das ganze Haar strapaziert wird.

Intensives Färben, eine sanfte Tönung, nur ein paar Strähnchen – schön und gut, aber welche Farbe soll's denn sein? Da Sie ja inzwischen wissen, welcher Jahreszeitentyp Sie sind, können Sie eigentlich nicht mehr viel falsch machen. Sie sollten nur zwei Grundregeln beachten:

1. Orientieren Sie sich unbedingt an Ihrer Farbskala (mit entweder warmen oder kalten Farben)! Eine falsche Pigmentierung Ihrer Haare beißt sich mit dem Ton Ihres Teints – Sie machen dann im schlimmsten Fall einen ungepflegten Eindruck. Natürlich könnte man versuchen, eine falsche Farbe auszugleichen, indem man sich der Haarfarbe entsprechend ganz anders schminkt. Aber dieser Gewaltakt ist mühsam und wirkt leicht aufgesetzt.

2. Wer seine Haare heller oder dunkler färbt, sollte darauf achten, wieviel Kontrast sein Gesicht braucht. Manche Frauen wirken mit dem zurückgeholten Blond ihrer Kindheit jung und frisch, andere läßt auch das schönste Blond eher langweilig erscheinen – ihr Teint braucht eher den Rahmen des nachgedunkelten Haares.

Schlagartig um Jahre älter sehen wieder andere aus, die sich die Haare zu dunkel färben lassen: Der Kontrast zur Gesichtsfarbe ist zu stark und wirkt hart.

Ob es für Sie günstig ist oder nicht, Ihre Haare deutlich heller oder dunkler zu färben, müssen Sie selbst herausfinden. Entscheidend ist immer, daß die neue Nuance mit den Farben der Augen und der Haut harmoniert. Welche Farbtöne grundsätzlich für Ihren Typ in Frage kommen, sehen und lesen Sie auf den nächsten Seiten.

Frühlingstyp: sanft golden

Die meisten Frühlingstypen haben von Natur aus hell- bis dunkelblonde Haare mit goldenen Lichtern. Andere sind hell rothaarig. Für alle gilt: Falls sie ihre Haarfarbe überhaupt verändern wollen, ist es wichtig, daß sie sich nicht ihre zarte Frühlingstransparenz zerstören, also keine wuchtigen Kontraste auswählen! Frühlingstypen haben meist von Natur aus beneidenswert schöne Strähnchen im Haar. Wenn nicht: Feine Strähnchen vom Friseur in goldblonden und hellkupferfarbenen Tönen beleben nachgedunkeltes Kinderblond ideal. Worauf Frühlingstypen achten sollten: Zu ihrem Teint passen nur warme Farben! Silberblonde Strähnchen zum Beispiel wirken an ihnen fade, sonnengelbe, honigfarbene, solche in warmen Rottönen sollten es sein. Einzelne Frühlingstypen mit dem hellen Teint einer Marilyn Monroe sehen auch blondiert phantastisch aus! Immer gut als modischer Jux: Eine einzelne Strähne in knalligem Orange!

Ideal für den Frühlingstyp sind Strähnchen oder Tönungen in warmen Farben: Lichtblond, um die Haare aufzuhellen, Kupfer oder ein goldenes Dunkelblond

Sommertyp: blond bis silberbraun

So manche Frau dieses Typs kann sich mit ihrer Haarfarbe nie abfinden: Die Haare sind nicht Glamourblond, nicht Schwarz oder Rot, sondern haben einfach nur eine Mausfarbe! Das ist ungerechtfertigt: Der schöne silbrig schimmernde Aschton paßt ideal zu ihrem meist intensiver getönten Teint. Und es lohnt sich, ihn noch zu verstärken, anstatt ihn gewaltsam auf „warm“ umzufärben. Wenn ein Sommertyp seine Haare unbedingt rötlich tönen will (was einigen sehr gut steht), dann sollte er nur zu Farben greifen, die einen kühlen, also bläulich roten Schimmer haben – nie einen gelblich orangen! Frauen, die in ihrer Kindheit ein klares schönes Blond hatten, können sich dieses Blond fast unbegrenzt erhalten: mit silberhellen (nicht gelben!) Strähnchen. Und so manche – hellhäutige – Frau dieses Typs weiß gar nicht, daß sie auch mit einem extravaganten Platinblond toll aussieht!

Was Sommertypen ihr Leben lang gut steht, sind lichtblonde Strähnchen, ein kühler Mahagoniton und ein tiefes, aschiges Dunkelblond. Ein modischer Gag: eine grüne Strähne im aschblonden Haar

Herbsttyp: goldbraun und rotgolden

Stellen Sie sich die Farben von hellem Akazienhonig und sehr dunklem Waldhonig vor und die vielen Nuancen dazwischen: So können die Haare des Herbsttyps aussehen. Aber immer haben sie einen warmen, goldenen Schimmer. Viele Frauen dieses Typs sind rothaarig. Die Haare sind rotblond, kupferrot, fuchsrot, rostbraun oder kastanienbraun. Herbsttypen mit Naturkrause sollten es übrigens vermeiden, ihre Haarfarbe aufzuhellen – das Haar wird dadurch leicht zu trocken. Es bleiben noch genug Möglichkeiten zur Veränderung: Braunhaarige können ihre Haarfarbe mit honigblonden Strähnen beleben, die ruhig breit und kräftig sein dürfen, damit sie im Lockengewirr nicht untergehen. Wenn es zum Teint paßt, können Herbsttypen mit rötlichem Haar ihre Naturfarbe auch mit einer Tönung in warmem Kupfer oder Palisander vertiefen. Und auch eine freche, feuerrote Strähne (siehe unten) sieht toll aus!

Drastische Veränderungen haben Herbsttypen nicht nötig. Ihr Spielraum ist dennoch groß: Je nach der Grundfarbe der Haare können sie die warme Farbskala von Goldbraun bis Dunkelkupfer testen

Wintertyp: am schönsten naturfarben

Experimentierfreudige Wintertypen sind von der Aussage oben vielleicht enttäuscht, aber auch der beste Friseur kann ihnen keinen ehrlicheren Rat geben.
Wintertypen sind meist dunkelhaarig, und sie wirken gerade durch den Kontrast der Haarfarbe zu ihrer Haut so attraktiv. Ein grober Eingriff wäre ein Fehlgriff. Noch drastischer wirkte sich eine farbliche Veränderung bei den sehr seltenen blonden Wintertypen aus; jeder Gelbstich im Haar läßt sie statt edel nur billig aussehen. Braunhaarige Wintertypen sollten auf keinen Fall versuchen, sich durch ein warmes Rot in einen Herbsttyp zu verwandeln.
Der Wintertyp sieht nur in kühlen Farben wirklich attraktiv aus. Aschige, braune Töne stehen allen dunkelhaarigen Wintertypen gut, die mit zunehmendem Alter vielleicht einen weicheren Rahmen für ihr Gesicht brauchen. Und wer einen Haut Rot riskieren will: nur bläuliches Rot ist richtig!

Ein Jux für den Wintertyp: eine feine violette Strähne. Sonst sollten Wintertypen nicht allzuviel experimentieren. Nur die aschigen braunen und die bläulich rötlichen Töne stehen ihnen gut

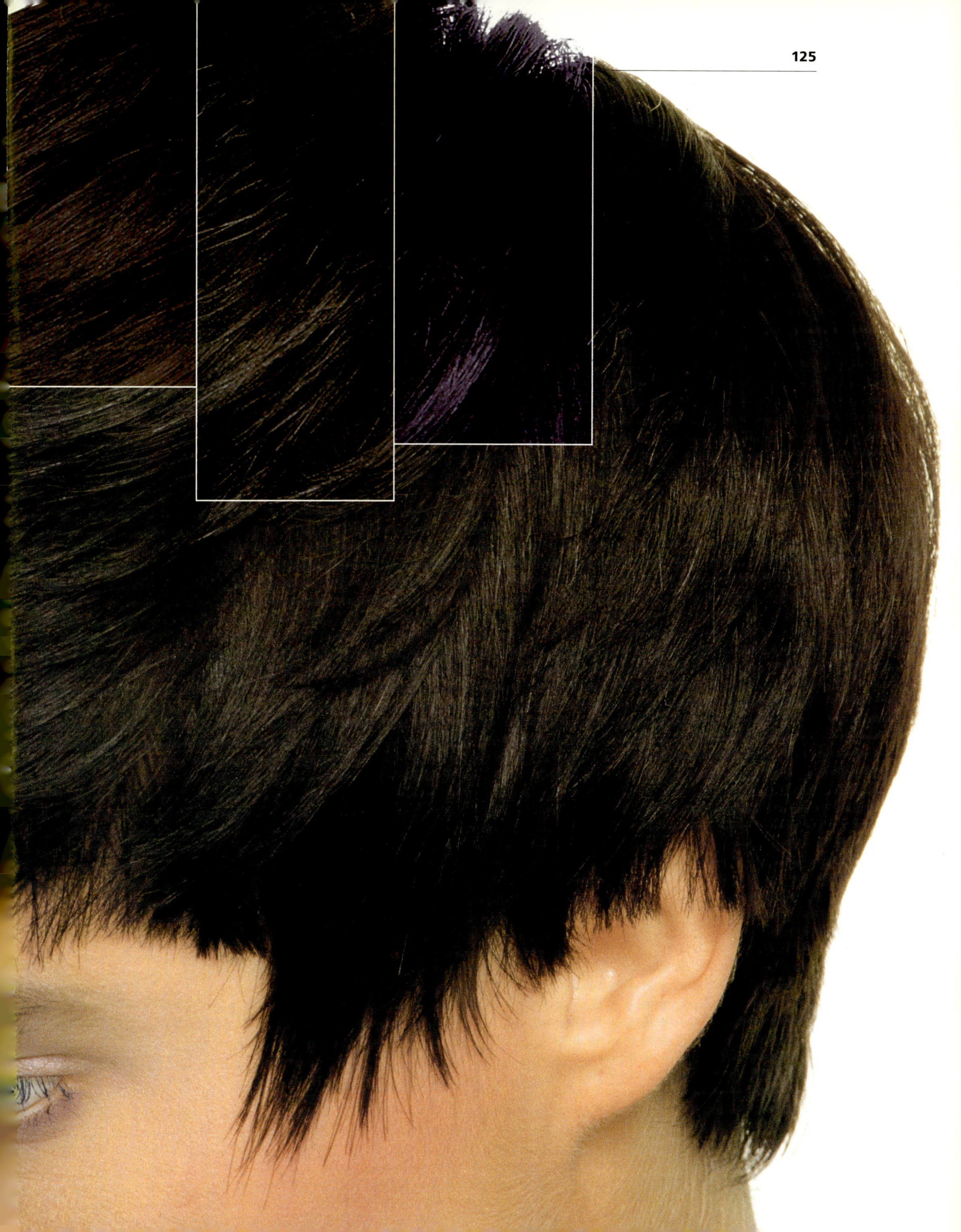

Vom Geheimnis der Farben

Glauben Sie, Sie könnten für längere Zeit in einem rundum leuchtend rot gestrichenen Zimmer leben?
Eine Zeitlang fänden Sie es vielleicht aufregend, später nur noch aufwühlend.
Oder: Stellen Sie sich vor, Sie streichen die Wände Ihrer Küche in klarem Hellblau. Das wirkt doch so sauber und frisch? Das tut es, aber Sie würden unwillkürlich die Heizung höher drehen.
Wir sprechen nicht umsonst von warmen und von kalten Farben. Farben haben eine rätselhafte, noch längst nicht gänzlich erforschte Wirkung auf uns. Man weiß zum Beispiel, daß sich Testpersonen in wissenschaftlichen Versuchen zum Teil erheblich verschätzten, wenn sie die jeweilige Temperatur in verschieden gestrichenen Räumen angeben sollten. In „warm" gestrichenen Räumen fühlten sie konstant mehr Wärme als objektiv vorhanden war; von „kühlen" Farben umgeben, fröstelten sie. Alles Einbildung? Vorsicht – angeblich spüren auch blinde Menschen den Unterschied!
Wo ist die Lösung des Rätsels? Wir wissen es, wie gesagt, noch nicht, aber wir spüren dennoch instinktiv, wie uns Farben fast magisch beeinflussen können. Was wir wissen: Farbe ist im Prinzip nichts als Licht einer ganz bestimmten Wellenlänge, das von einer Oberfläche nicht absorbiert, sondern zurückgeworfen wird. Ein Stückchen des Regenbogens. Rot hat als „Lichtstrahl" eine andere Wellenlänge als Blau, Gelb eine andere als Violett. Liegt darin ein Stück des Geheimnisses?

„Warme" und „kalte" Farben? Sie gibt es wirklich. Man kann den Unterschied sogar fühlen.

Alle Lebewesen brauchen Licht zum Gedeihen – was wundert es uns eigentlich, daß wir auf die Wellen des Lichts reagieren? Daß unser Wohlgefühl von Licht und damit von Farben beeinflußt wird?
Es gibt viele Farbtests, die auf eine Aussage hinauslaufen: Sage mir deine Lieblingsfarbe, und ich sage dir, wer du bist. Kein Zweifel, da ist was dran. Wer nur nach aggressiven, lauten Farben greift, der fühlt sich wohl auch so.
Dennoch sind dies Momentaufnahmen. Wir sind alle wandelbar – und auch unsere Lieblingsfarben können sich je nach unserem Seelen- und Reifezustand verändern. Die Farben, die ein Spiegel unserer Laune sind, genauso wie die, nach denen wir uns sehnen, weil sie ausgleichend auf uns wirken. Daß man mit Farben auf das seelische Wohlbefinden und die körperliche Gesundheit von Menschen einwirken kann, ist keine Erkenntnis allein unserer Zeit. In allen alten Kulturen wußte man vom besonderen Zauber der Farben. Was Esoteriker heute „Farbtherapie" nennen, was auch manche fortschrittlichen Mediziner anwenden, ist uraltes Wissen: Farben können einem zu Ausgewogenheit verhelfen. Rosa zum Beispiel dämpft Aggressionen, das bewiesen Versuche in Familientherapien, in Heimen für gestörte Kinder, in Gefängnissen. Sanft in ein blaues Laken gewickelt, werden Asthmatiker ruhiger. Wer geistige Aufmunterung braucht, dem tut Gelb gut ...

Schon lange in der Vergangenheit wußten die Menschen, daß man mit Farben Körper und Seele heilen kann.

Und welche Farben brauchen Sie? Sie wissen jetzt, welche Farben Ihnen gut stehen und haben Ihre Auswahl aus der Fülle von Farben vor sich. Vertrauen Sie Ihrem Instinkt: Wählen Sie, was Sie als Ergänzung, Ermunterung oder zur Dämpfung brauchen – das kann einmal das lauteste Rot Ihrer Skala sein und an einem anderen Tag das sanfteste Blaugrau. In jeder Farbe Ihrer Skala sehen Sie gut aus. Aber nur Sie wissen, welche Ihnen heute auch guttut.

MAKE-UP

Damit Sie nach den richtigen Farben nicht lange suchen müssen

MANHATTAN COSMETICS hat für jeden Farbtyp die typgerechten Farben. Pro Farbtyp gibt es eine Lidschattenpalette und dazu jeweils drei Lippenstifte sowie Nagellacke. Die Paletten mit jeweils 7 verschiedenen Farben haben die Nummern 65 (Frühling); 64 (Sommer); 63 (Herbst); 60 (Winter).
Die Lippenstifte mit passenden Nagellacken (die Lack-Nummern stehen jeweils in Klammern) sind für den Frühling Nr. 15 (15), Nr. 18 (18), Nr. 55 (55); für den Sommer Nr. 04 (60), 14 (14), 49 (049); für den Herbst Nr. 10 (167), Nr. 30 (169), Nr. 53 (87); für den Winter Nr. 102 (102), Nr. 16 (166), Nr. 80 (80).

Manhattan

Alle diese Produkte sind in namhaften Drogerien und Kaufhäusern erhältlich.
Falls Sie MANHATTAN-Kosmetik in Ihrer Nähe nicht finden, wenden Sie sich bitte an MANHATTAN COSMETICS, Postfach 1125, 73011 Göppingen. · Sie erhalten dann umgehend einen Bezugsquellennachweis.

BRILLEN

Optimale Fassungen für jeden Farbtyp

Falls Sie auf der Suche nach einer typgerechten Brillenfarbe und -form sind: BRENDEL LUNETTES hat die Brillenfassungen sämtlicher Kollektionen mit farbtypgerechten Symbolen markiert. Wintermodelle zeichnet ein Kristall, Sommermodelle eine Sonne, Herbstmodelle ein Blatt, Frühlingsmodelle eine Blume. Alle Modelle sind im augenoptischen Fachhandel erhältlich. Falls es in Ihrer Nähe keinen Optiker mit Brendel-Depot gibt, wenden Sie sich bitte direkt an: Brendel-Lunettes GmbH, Hans-Vogel-Straße 2, 90765 Fürth, Tel. 0911-791 09-0, Fax -29.

Brendel® LUNETTES

Typgerecht: Colorationen und Tönungen

HAARE

Die Farbmuster auf den Haar-Seiten beziehen sich auf Nuancen der Serie Igora Classic von Schwarzkopf (jeweils von links nach rechts)

Schwarzkopf

'FRÜHLING: Hellblond Gold Kupfer 8–75, Lichtblond 10–0, Dunkelgoldblond 6–5; SOMMER: Lichtblond Beige 10–40, Kastanie 5–6, Dunkelblond Cendre 6–1; HERBST: Dunkelgoldblond 6–5, Hell-Kastanie 6–6; WINTER: Kastanie 5–6, Hellbraun Cendre 5–1, Hellblond Extra Violett 8–99.

Auch unter den Igora Botanic-Pflanzenfarben von Schwarzkopf gibt es für jeden Farb-Typ passende Nuancen.

Wir danken den Firmen Lady Manhattan Cosmetics, Schwarzkopf und Brendel Lunettes für die freundliche Unterstützung der Fotoproduktion.

Die Deutsche Bibliothek – CIP-Einheitsaufnahme

Farbberatung : Kleidung, Make-up, Haare, Brillen, Schmuck / von Christel Buscher –
Niedernhausen : Bassermann, 1997
ISBN 3-8094-0433-0
NE: Buscher, Christel

ISBN 3 8094 0433 0

Herausgeber: Eberhard Henschel, Chefredaktion freundin
Text: Christel Buscher
Umschlaggestaltung: Peter Udo Pinzer
Titelbilder: Otto Rauser, Mailand
Gestaltung: Rudi Gill, München
unter Mitarbeit von Brigitte Schön
Konzeption und Redaktion: Edda Küffner
Redaktion für diese Ausgabe: Sylvia Winnewisser
Fotos: Otto Rauser, Mailand
Sachfotos: Thomas von Salomon, München
Farbstreifenkarten: Franziska Zingel, München;
Lithografien entstammen dem Poster „Farben der vier Jahreszeiten" von Villeroy & Boch
Modestyling: Micha Öxle
Make-up: Horst Kirchberger
Frisuren: Michael Martin
Schmuck: aus Privatbesitz und von Ingeborg Wolff, Modeschmuck, München
Kleidung: Chilly Time, Jean Paul, Mayon, Mondi, Otto Kern, Pink Flamingo, Portara, Virmani

Satz: LibroSatz, Kriftel bei Frankfurt/Main
Gesamtkonzeption: Bassermann'sche Verlagsbuchhandlung, D-65527 Niedernhausen

1908452094X7 2635 4453 6271

Winterfarbe

Herbstfarbe

Sommer-/Winterfarbe

Herbst-/Frühlingsfarbe

Skala der Frühlingsfarben
Skala der Herbstfarben

Skala der Sommerfarben
Skala der Winterfarben

Winterfarbe

Herbstfarbe

Sommerfarbe

Frühlingsfarbe

Frühlingsfarbe

Sommerfarbe

Frühlingsfarbe

Sommerfarbe

Herbstfarbe

Winterfarbe